Mostviertler "Grüne Küche"

Gemüse · Kräuter · Obst

Buchberger · Wimmer

Herausgegeben von der Druckerei Queiser, Amstetten

2. Auflage, 2003
Medieninhaber, Herausgeber, Herstellung und Vertrieb:
Druckerei Queiser GmbH., A-3300 Amstetten, Waidhofner Straße 48.
Zusammenstellung der Rezepte: Mag. Ingeborg Buchberger.
Zeichnungen: Barbara Wimmer.
Verlags- und Herstellungsort: 3300 Amstetten.

ISBN 3-9500504-4-2

Lieber Häferlgucker!
Auf das bewährte „Mostviertel-Kochbuch" folgt nun die Mostviertler „Grüne Küche" mit Gemüse, Kräutern und Obst. Gutes Gelingen sowie herzlichen Dank an alle, die für dieses Buch handgeschriebene Originalrezepte zur Verfügung gestellt haben!

Amstetten, Juni 2000

Sammlung der Rezepte:
Mag. Ingeborg Buchberger

Zeichnungen:
Barbara Wimmer

Suppen

Brennesselsuppe

Zutaten: 25 dag ganz junge Brennesseln, 3 dag Mehl, 4 dag Butter, 1 l Wasser, 1 Suppenwürfel, Salz, Pfeffer, Rahm.

Zubereitung: Brennesseln 10 Min. in Salzwasser kochen; abseihen, kalt abspülen, passieren. Mehl in Butter leicht Farbe nehmen lassen, mit Wasser aufgießen, 8-10 Min. leicht kochen, den Suppenwürfel und Brennesselpüree dazugeben, nochmals kurz aufkochen, mit Salz und Pfeffer würzen. Suppe anrichten, mit einem Löffel Rahm garnieren.

Bärlauchrahmsuppe

Zutaten:

30 dag Bärlauch
2 EL Butter
2 Jungzwiebeln, in Ringe geschnitten
½ l Gemüsefond
¼ l Crème fraîche
Salz, Pfeffer, Muskatnuss

Zubereitung:

Bärlauch waschen, entstielen und in Streifen schneiden.
Butter aufschäumen, Bärlauch und Jungzwiebeln anschwitzen und mit Gemüsefond aufgießen.
5 Minuten kochen lassen, mixen und passieren.
Crème fraîche dazugeben und würzen, kurz vor dem Anrichten nochmals aufschäumen.
Mann kann als Suppeneinlage Semmelwürfel dazu servieren.

Sauerampfersuppe

Zutaten: 1 Handvoll Brennesselblätter,
1 Handvoll junge Löwenzahn-Blätter,
1 Handvoll Sauerampfer
1 Handvoll Schnittlauch
1 Handvoll Spinat
1 kl. Handvoll Radieschenbl.
1 Eßlöffel Butter
1 l Suppe (Rindsuppe oder Hühnersuppe)

Zubereitung: Alle Wildgemüse waschen, fein hacken. Butter schmelzen lassen, Gemüse dazugeben und anrösten.

Mit der Suppe aufgießen und 30 Minuten leicht kochen lassen.
Als Suppeneinlage eignen sich geröstete Semmelwürfel.

Brunnenkresse-Suppe

1 l Gemüsebrühe, Salz, Pfeffer,
1/8 l Milch, 4 EL feingehackte Brunnenkresse,
1/16 l Schlagobers,
1 EL gemahlenes Dinkelmehl,
100 g Brotwürfel, 1 EL Öl zum Anrösten.

Dinkelmehl in Milch glattrühren u. in die kochende Suppe geben, aufkochen lassen, Brunnenkresse in eine Suppenschüssel geben u. die heiße Suppe darübergießen. Mit geschlagenem Obers u. gerösteten Brotwürfeln servieren.

Kräutersuppe

Einmach: 3 dkg Fett, 3 EßL. Mehl;
1 l Gemüsebrühe, 1/2 feingeh. Zwiebel.
Kräuter: Petersilie, Schnittlauch, Liebstöckl, Kerbel, Dill, Sauerampfer, Spitzwegerich, Schafgarbe usw.
(mehrere Eßlöffel Kräuter)
Salz, Muskat, einige EßL. Rahm.

Helle Einmach bereiten, mit Brühe aufgießen, 10 Min. verkochen lassen, Sauerrahm einrühren, abschmecken, abschließend Kräuter dazugeben (nun nicht mehr kochen).

Serviervorschlag: Geröstete Semmelwürfel darüberstreuen!

Kerbelsuppe

30g Butter, 2 Eßlöffel Vollweizenmehl, 1l Wasser, Salz, 6 Eßlöffel Kerbel, 1 Ei, Röstbrotwürfel.

Man läßt das Mehl trocken erhitzen, füllt mit Wasser auf. Wenn es gut durchgekocht ist, würzt man mit Salz, gibt die Butter dazu, legiert mit dem Ei und mischt zuletzt den feingehackten Kerbel darunter. Röstbrotwürfel einlegen.

Buchweizensuppe mit Zeller

Zutaten:

10 dag Buchweizen, grob geschrotet,
1 l Gemüsesuppe, 2 EL Öl, 10 dag Zwiebel, fein gehackt,
25 dag Zeller, Salz, Muskatnuss, Kümmel, Oregano,
1 Bd. Schnittlauch, fein geschnitten,
1 EL Parmesan.

Zubereitung:

Den Buchweizen in der Gemüsesuppe ca. 1 Stunde quellen lassen.
Zwiebel in heißem Öl anrösten, den Buchweizen dazugießen, ca. 15 Minuten kochen lassen, den geputzten, kleinwürfelig geschnittenen Zeller dazugeben, würzen, Buchweizen und Zeller weich kochen.
Suppe anrichten und mit Käse und Schnittlauch bestreuen.

Feine Spinatsuppe

Zutaten: 1 kl. Pak. TK-Spinat, 1/2 Knoblauch=
zehe, etwas Rahm, 1/2 l Milch,
1/4 l Wasser, Salz, Pfeffer, Fix-Einbrenn nach
Bedarf. Nach Wunsch 1 hartes Ei u. etwas Schin-
ken.

Zubereitung: Wasser u. Milch aufkochen, auf-
getauten Spinat, zerdrückten
Knoblauch, Salz u. Pfeffer einrühren, mit dem
Mixstab pürieren. Mit Mix-Einbrenn cremig
verdicken. Auf Suppenteller verteilen. In
die Tellermitte je 1 Löffel verquirlten Rahm
setzen u. diesen vorsichtig mit einem Löffel=
stiel strahlenförmig zum Tellerrand ziehen.
In die Mitte noch etwas gehacktes Ei u. ma-
gere Schinkenstreifen streuen.

Dinkelsuppe

Zutaten: Butter, Dinkelmehl, Salz, Suppenwürze, Karotten, Petersilie, Muskatnuss.

Zubereitung: Butter zergehen lassen, Dinkelmehl anrösten, mit Wasser aufgießen, mit Salz, Suppengewürz und Muskatnuss abschmecken. Karotten grob reißen, Petersilie hinzufügen, aufkochen lassen.

Geröstete Brotwürfel darüberstreuen.

Käsecremesuppe

Zutaten:

2 EL glattes Mehl, 2 EL Margarine, 3/4 l Rindsuppe,
1/4 l Milch, 2 große Eckerl Rahmschmelzkäse,
1 Eckerl Camembert, 4 Scheiben Schinken,
2 EL Petersilie, gehackt,
Salz, weißer Pfeffer

Zubereitung:

Aus Mehl und Margarine eine Einmach bereiten.
Mit kalter Rindsuppe und der Milch aufgießen,
erhitzen, bis es bindet.
Zerkleinerten Rahmschmelzkäse und Camembert
mit Hilfe eines Schneebesens in die Suppe rühren.
Mit Salz und Pfeffer abschmecken.
Schinken in feine Streifen schneiden und mit
Petersilie in die Suppe geben, anrichten.

Knoblauchsuppe

Zut.: 8 Knoblauchzehen, 6 EßL. Dinkelmehl, Fett, 1/4 l Milch, 3/4 l Suppe, 1/8 Obers, Kräutersalz; 250 g Semmelwürfel, 2 Eier, Kräutersalz, 2 Knoblauchzehen.

Zub.: Mehl in Fett kurz rösten, Knoblauch hineindrücken, mit Suppe aufgießen, würzen u. aufkochen lassen, Milch zugeben, 1/2 St. ziehen lassen. Vor dem Servieren mit Obers u. Schnittlauch verfeinern.

Semmelwürfel mit Ei, Kräutersalz, Knoblauch abmengen, auf dem Backblech im Rohr bei 225° überbacken.

Kürbissuppe

1½ kg Kürbis, 6 dkg Fett, 1 Zwiebel, Petersilie, 1 EL gehacktes Dillkraut, 1 EL Mehl, Pfeffer, Essig, ¼ l Rindsuppe, ¼ l Rahm, 1 Knoblauchzehe.

Kürbis schälen, halbieren, entkernen, grobnudelig schneiden, salzen. ½ Std. stehen lassen.

Zwiebel, Petersilie u. Dille in Fett anlaufen lassen. Kürbis dazu u. weichdünsten.

Mit Mehl stauben, mit Suppe aufgießen. Rahm einrühren.
Noch 10 Min. kochen. Mit Salz, Pfeffer u. einem Spritzer Essig würzen.

Hollersuppe

Zutaten: 1 l Holler, abgerebelt
1 l Wasser
2 Stengel Dost
Zucker

Zubereitung: Hollerbeeren mit Wasser aufkochen, passieren, mit Dost ca. 1 Stunde kochen lassen. Dost herausnehmen, Suppe etwas süßen. Dazu: Schwarzbrot.

Paprikacremesuppe

1 rote Paprikaschote, 3 gelbe Paprikaschoten, Salz Pfeffer, 1 Zwiebel, 1 EL. Butter, 1/2 l Gemüsebrühe, 125 g Schlagobers, 1 EL heller Soßenbinder, 4 Stiele Kerbel.

Zubereitung: Paprikaschoten putzen, rote und 1/2 gelbe in feine Streifen schneiden. In kochendem Salzwasser 2-3 Minuten blanchieren, dann abtropfen lassen. Restliche Paprikaschoten würfeln. Zwiebel fein hacken. Fett in einem Topf schmelzen. Zwiebel und gewürfelte Paprika darin bei mittlerer Hitze ca. 5 Minuten dünsten. Mit Gemüsebrühe ablöschen, mit Salz und Pfeffer würzen und weitere 5 Minuten kochen. Gemüse in der Suppe mit einem Stabmixer pürieren.

Mit Schlagobers verfeinern. Nochmals aufkochen, mit Soßenbinder andicken und abschmecken. Die blanchierten Paprikastreifen in der Suppe erwärmen und mit Kerbelblättchen bestreuen.

Mostsuppe

Eine feingehackte Zwiebel und eine Knoblauchzehe in Butter anschwitzen, Wurzelwerk (Sellerie, Karotten, Petersilwurzel, Lauch) mitrösten, mit Most und Rindsuppe aufgießen;
zuletzt ein oder zwei kleine, würfelig geschnittene Erdäpfel hineingeben, salzen, pfeffern, alles verkochen lassen. Alles mixen und mit Rahm abrunden. Vor dem Anrichten geröstete Semmelwürfel darüberstreuen!

Erdäpfelsuppe.

1 kg rohe Erdäpfel schälen u.
in Würfel schneiden, in einem
Topf mit 2 l Wasser kochen, bis
sie weich sind. Kleingehackte
Petersilie, Salz, ein Lorbeerblatt,
einige schwarze ganze Pfefferkörner
u. etwas Zitronenabrieb mitkochen.
Zum Schluß eine helle Einbrenn
machen u. die Suppe damit binden.

Krautsuppe

Zutaten: 45 dag Weißkraut, 3 Karotten, 1 Zwiebel, Kümmel, 1 1/2 l Suppe, Muskatnuß, 2 Paar Frankfurter, 1/2 KL Essig, Fett, etwas Mehl, Salz, Pfeffer, Muskat.

Zubereitung: Die gehackte Zwiebel in etwas Fett goldgelb rösten. Feingeschnittenes Weißkraut und in dünne Streifen geschnittene Karotten dazugeben. Mit der Suppe aufgießen und mit Salz, Pfeffer, Muskat und Kümmel würzen. 15 Minuten ziehen lassen. Dann die in Scheiben geschn. Frankfurter dazugeben. Mit Essig abschmecken. Zum Schluß mit einer hellen Einbrenn aus Fett und Mehl binden.

Zwiebelsuppe mit Most

Zutaten: 3 gr. Zwiebeln, 1 l. Rindsuppe (Würfel), 1/4 l Most, gehackte Petersilie, Pfeffer, Fett, Semmelwürfel.

Zubereitung: Zwiebeln in Ringe schneiden und im Fett leicht anbräunen, mit Suppe aufgießen, etwas kochen lassen,
Petersilie und Most zugeben, pfeffern, ev. nachsalzen. Mit Semmelwürfel servieren.

Hauptspeisen

Bärlauchspätzle mit Schinkensauce

Zutaten:

5 EL Bärlauch gehackt, 3 EL Butter,
½ kg glattes Mehl, 2 Eier, ⅛ l Milch
Salz, Muskatnuss, 1 Zwiebel, 10 dag Schinken,
2 EL Margarine, 1 Becher Obers,
Salz, weißer Pfeffer, Majoran

Zubereitung:

Bärlauch, Butter, Mehl, Eier und Milch zu einem glatten Teig rühren.
Gut würzen und 5 Minuten stehen lassen.
In einem Kochtopf reichlich Wasser zum Kochen bringen.
Mit einem Messerrücken die Spätzle von einem Brett in das kochende Wasser schieben und ca. 5 min. köcheln lassen. Abseihen, mit kaltem Wasser abschrecken.
Zwiebel und Schinken in feine Streifen schneiden.
Butter in einer Pfanne erhitzen, Zwiebel und Schinken darin anrösten. Die Spätzle dazugeben und kurz durchschwenken, mit Obers auffüllen, würzen und aufkochen lassen.
3 Minuten ziehen lassen und servieren.

Käse-Pfandl mit Schinken

3 Eier aufschlagen, salzen, pfeffern, verrühren.
8 dkg Schimmelkäse in feine Scheiben schneiden, 2 dünne Scheiben Rohschinken in größere Stücke u. etwas Zwiebel in Streifen schneiden.
1 Knoblauchzehe fein hacken.
Öl in einer Pfanne erhitzen, Zwiebel, Knoblauch u. Rohschinken kurz anrösten, den Käse u. 3 El. Schlagobers beifügen, auf kl. Flamme schmelzen lassen, die Eiermischung darübergießen u. mit Salbeiblättern belegen.
Mit Oregano bestreuen, bei mittlerer Hitze stocken lassen.

Mit Weißbrot servieren!

Putenbrust
in Kräuter-Knoblauch-Sauce

Zutaten: 1-1½ kg Putenbrust
3 Becher Sauerrahm
3 Becher Schlagobers
4 Päck. TK8-Kräuter-Mischung
5-8 Knoblauchzehen
Salz, Pfeffer, Butterschmalz

Zubereitung:

Putenbrust in nicht zu kleine Stücke schneiden; salzen, pfeffern und in Butterschmalz scharf anbraten. In einem Bräter Sauerrahm, Schlagobers, Kräuter und gepreßten Knoblauch verrühren, salzen und pfeffern. Die gebratenen Fleischstücke in die Sauce einlegen und

mindestens 12 Stunden in den
Kühlschrank stellen.
Im Backrohr bei 180 Grad
45-60 Minuten braten.
Mit Reis servieren.

Erdäpfelauflauf

Zutaten: 1/2 kg speckige Erdäpfel, Gemüse nach Jahreszeit, wie zB.: Broccoli, Karfiol, Schwarzwurzeln oder Kohlsprossen, Salz, 3/8 saurer Rahm, 2 Eier, Käse zum Reiben, Butter.

Zubereitung: Erdäpfel und Gemüse getrennt halbweich kochen. Auflaufform mit Butter auspinseln;
Rahm mit Salz, Eiern und einem Teil des Käses (gerieben!) vermischen. Erdäpfel, Gemüse und Rahm-Eiermasse abwechselnd in die Form füllen. Mit dem Rahmgemisch abschließen.

Den restlichen Käse darüberreiben. Im mittelheißen Rohr ca 30 Min. überbacken. Der Auflauf ist fertig, wenn der Käse zu bräunen beginnt.

Dazu passt grüner Blattsalat mit viel Schnittlauch.

Mahlzeit !!

Kartoffellaibchen

1 kg Kartoffeln, Salz, 200 bis 250 g Vollweizenmehl, grüne Petersilie, 1 Zwiebel und 1 bis 2 Eier.

Die gkochten, geschälten und passierten Kartoffeln werden auf dem Nudelbrett mit Vollweizenmehl, Salz, Ei, angerösteter Zwiebel und Petersilie zu einem Teig vermischt. Daraus werden Laibchen geformt, die man in heißem Rohr auf befettetem Blech bäckt. Frisch gebacken schmecken sie am besten.

Gemüse – Omelette

Zut.: 2 Stangen Lauch, 2 Paprika (rot u. grün), 3 Eßl. Öl, ½ kg gekochte Erdäpfel, 4 Eier, 1 Tl. Salz, 1 Tl. geh. Petersilie, Pfeffer.

Lauch putzen, der Länge nach aufschneiden, waschen, in 1 cm breite Scheiben schneiden. Paprika putzen, in 1 cm große Würfel schneiden, dann den Lauch in 2 Eßl. Öl anschwitzen, auf kl. Flamme ca. 10 Min. weichdünsten, nach halber Zeit Paprika mitdünsten. Erdäpfel schälen u. in Scheiben schneiden. Eier mit Salz, Pfeffer u. Petersilie verquirlen, über das Gemüse geben; in e. Pfanne Fett erhitzen, darin gleichmäßig verteilen u. im Rohr fertig backen. Mit Salat servieren!

Gefüllte Nudeln

500 g Vollweizenmehl, 2 - 4 Eier,
1- 3 Eßlöffel Wasser, Salz, Bratenreste.
Schinkenreste, durch den Fleischwolf
gedreht. In der Mitte des gesiebten Mehls
eine Vertiefung machen und die mit Wasser
und Salz verquirlten Eier hineingeben.
Man knetet von der Mitte aus einen festen
Teig und rollt ihn messerrückendick aus.
Er wird in 6 - 8 cm große Quadrate
geschnitten. In jden dieser Nudelflecke
legt man einen Teelöffel Füllmasse.

Die Ecken werden so übereinander geschlagen, daß Dreiecke entstehen, deren Ränder man fest zusammendrückt. Die gefüllten Nudeln werden in Salzwasser gekocht, gegart aus dem Topf genommen und mit heißer Butter übergossen.

Fülle: Gehackte Bratenreste oder Schinkenreste werden jeweils mit Eigelb oder Rahm gebunden.

Schinkentascherl mit Lauch

20 dkg Butter
20 dkg Mehl
20 dkg Magertopfen
Salz, 1/2 Ei zum Bestreichen

15 dkg Schinken
15 dkg Lauchringe
1 EL Öl, Kümmel,
Salz, Pfeffer

Alle Zutaten verkneten u. 30 Min. rasten lassen. Inzwischen Schinken würfeln u. mit dem Lauch in Öl leicht anrösten, würzen. Teig dünn ausrollen u. in gleich große Quadrate schneiden, mit Fülle belegen. Rand mit Ei bestreichen u. zu Dreiecken zusammenklappen. Auf ein mit Backpapier ausgelegtes Backblech legen, mit Ei bestreichen u. bei Mittelhitze goldbraun backen.
Mit gemischtem Salat servieren.

Haferflockenlaibchen

Zutaten: 20 dag Haferflocken, 1/4 kg Topfen, 1 Ei, Salz, Kräuter je nach Jahreszeit, zB.: Petersilie, Schnittlauch, Sauerampfer usw.

Zubereitung: Alle Zutaten mit den gehackten Kräutern vermischen, Laibchen formen und in wenig Öl goldbraun backen.

Dazu passt eine Joghurt-Knoblauch-Soße oder Salat.

Hühnerfilet auf Rahmlauch mit Champignons

Zutaten: 40 dag Hühnerfilet, 30 dag Champignons, 1 gr. Stange Lauch, 1 Zwiebel, 1/4 l Schlagobers, 1 Becher Creme fraiche, 1/16 l trockenen Weißwein, 1/4 l Hühnersuppe, Salz, Pfeffer, Petersilie, Bärlauch, Rosmarin, 1 EL Fett

Zubereitung: Fett erhitzen, die kleinwürfelig geschnittene Zwiebel glasig anrösten, die blättrig geschnit-tenen Champignons dazugeben, kurz durchrösten. Den in Ringe geschnittenen Lauch beimengen und alles nochmals kurz durch-rösten. Mit Weißwein ablöschen. Schlagobers, Creme fraiche und Hühnersuppe einrühren. Mit Gewürzen und Kräutern abschmecken und einige Minuten dünsten. Das Fleisch in Streifen schneiden, in heißem Öl gut abbraten, mit Salz, Pfeffer abschmecken. Rahmlauch mit Champignons auf einer Platte anrichten, Hühnerfilets darauf anrichten und mit Reis und Salat servieren.

Kürbisstrudel

Zutaten: Strudelteig,
1½ kg Kürbis, Salz,
8 dag Butter, 8 dag Mehl,
1 Bund Petersilie und
1 Bund Dille, beides
fein gehackt, 15 dag
Zwiebel, fein gehackt,
1/8 l Rahm, etwas Paprika

Zubereitung: Kürbis schälen, würfelig schneiden, salzen, 3/4 Stunde stehen lassen. Eine Einmach zubereiten, Zwiebel und Kräuter darin anlaufen lassen, den ausge:drückten Kürbis beifügen, gut durchmischen, mit Paprika und Rahm verrühren und im eigenen Saft weich dünsten.

Strudelteig ausrollen, füllen, einrollen, handbreite Stücke abschneiden und in heißem Öl in einer Pfanne gold-braun backen.

Dazu paßt Salat.

Spinatspätzle mit Schinken

Teig: 60 dkg Blattspinat, 30 dkg griffiges Mehl, 1/8 bis 1/4 l Milch, 3 Eier.

Sauce: 20 dkg Schinken, 1/8 l Weißwein, 1/8 l Schlagobers, 3 El. gerieb. Parmesan, Salz, Pfeffer, Butter.

Spinat putzen, waschen, in Salzwasser überkochen, abseihen, abschrecken, gut ausdrücken u. passieren. Spinat, Milch, Mehl, Eier u. Salz zu einem schnittfesten Teig abschlagen, durch ein Spätzlesieb in kochendes Wasser drücken. Sobald sie an die Oberfläche kommen, herausheben u. lauwarm abschwemmen.

Kleinwürfelig geschnittenen Schinken in wenig Butter anschwitzen, mit Wein ablöschen, fast ganz einkochen, restl. Zutaten einmengen und aufkochen.

Käse – Rahmsauce

50g Schimmelkäse, 2 Eßlöffel Rahm, 1 Becher Joghurt, 1 Zwiebel, 1 Eßlöffel Zitronensaft, 4 Eßlöffel gehackter Schnittlauch, Salz, Pfeffer, 1 Prise Zucker.

Schimmelkäse zerdrücken, mit Rahm und Joghurt glattrühren; gehackte Zwiebel und Zitronensaft unterrühren, mit Schnittlauch, Salz, Pfeffer und etwas Zucker abschmecken.

Erdäpfel-Gemüse-Pfanne

Zutaten: 1/2 kg gekochte Erdäpfel, 1/2 kg Zwiebeln, 2-4 Paprika (grün, rot, gelb) 8 Zehen Knoblauch, 30-40 dkg Wurst (Braunschweiger), Salz, Pfeffer, Thymian, Öl, Butter.

Zubereitung: Erdäpfel u. Zwiebeln schälen u. in Scheiben schneiden. Paprika der Länge nach in gleich gr. Streifen schneiden
Erdäpfel in 2-4 EL Öl goldgelb anbraten u. aus der Pfanne nehmen. Im Bratenfond 2 EL Butter erhitzen. Zwiebeln, Wurst u. Paprika dazugeben u. anrösten. Mit Salz, Pfeffer, Thymian u. zerdrücktem Knoblauch würzen. Erdäpfel zum Schluß untermischen.

Reiseintopf mit Champignons

Vollreis, 1 Zwiebel, 2 Knoblauchzehen, Öl, Champignons, Gewürzkräuter.
Vollreis wird weichgekocht. Man schüttet ihn nun auf ein Sieb und läßt ihn abtropfen. Dann dünstet man eine feingeschnittene Zwiebel und 2 zerdrückte Knoblauchzehen in Öl an und gibt ebensoviel Champignons wie Reis dazu. Das Ganze dünstet man 15 Minuten und schmeckt mit Gewürzkräutern ab.

Schweinsschnitzel

mit Kräuter-Käsekruste

Zutaten:

4 magere Schweinsschnitzel,
10 dag Schinken,
10 dag Champignons,
10 dag geriebener Emmentaler,
1 P. 8 Kräuter (tiefgefroren),
Salz, 4 Knoblauchzehen, etwas
Mehl, Rindsuppe zum Aufgießen,
Fett zum Braten.

Zubereitung: Schnitzel salzen, mit zer-drücktem Knoblauch bestreichen und mit der Unterseite in Mehl tauchen. Das

Fleisch in heißem Fett auf beiden Seiten kurz anbraten. Schnitzel aus der Pfanne nehmen, Bratenfond mit Rindsuppe aufgießen, Fleisch wieder einlegen und ca. 20 Min. zugedeckt weich dünsten.
In der Zwischenzeit den Schinken und die Champignons in Streifen schneiden, den Käse mit den Kräutern vermengen. Das Fleisch aus der Pfanne nehmen, in eine feuerfeste Form legen, einzeln mit Schinken und Champignons belegen. Zuletzt die Käse-Kräuter-Mischung auf die Schnitzel verteilen. Im vorgeheizten Backrohr (ca. 200°) solange braten, bis der Käse goldbraun ist. Die Schnitzel auf Teller legen und mit dem Bratensaft aus der Pfanne über= gießen. Dazu serviert man Reis und Salat.

Guten Appetit!

Krautstrudel mit Paradeissauce

1 Pck. Strudelblätter, 1 kl. Kopf Weißkraut,
2 Zwiebeln, 2 Knoblauchzehen, 5 dkg
Speck, 1/8 l Rindsuppe.
5 dkg Butter, 2 El. Schmalz, 1 Prise
Zucker, Salz, Pfeffer.

Vom Weißkraut äußere Blätter entfernen,
Krautkopf vierteln, Strunk entfernen,
in feine Streifen schneiden.
Zwiebel u. Knoblauch schälen, fein hacken,
Speck würfeln.
Im erhitzten Schmalz Speck u. Zwiebel mit
1 gr. Prise Zucker anrösten, Kraut dazugeben, mit Kümmel, Salz, Pfeffer u. Knoblauch würzen, gut durchschwenken,
Rindsuppe zufügen, zugedeckt weich
dünsten. Deckel abnehmen u. Flüssigkeit verdampfen lassen, auskühlen.

Strudelblätter auf bemehltes Tuch legen, mit zerlassener Butter bestreichen, auf 1/3 der Fläche Krautfülle verteilen, Strudel einrollen, mit Butter bestreichen und im vorgeheizten Backrohr auf einem befetteten Blech ca. 20 Min. backen.

Öfters mit Butter bestreichen!

Dazu passt Paradeissauce!

Dinkel-Käsespätzle

Zutaten: Teig: 15 dag Dinkelmehl, 10 dag Weizenmehl, 1 Ei, 1 EL Öl, 1/8 l Wasser, Salz, etwas Muskatnuss

Zum Verfeinern: 1 gr. Zwiebel, 2 Knoblauchzehen, etwas Öl, 10 dag Schinken, 20 dag. ger. Käse

Zubereitung: Für den Teig alle Zutaten zu einem zähflüssigen Teig vermischen und eine 1/2 Std. aufquellen lassen.
Mit einem Spätzlehobel den Teig in kochendes Salzwasser hobeln,
1 Min. kochen lassen, abseihen und abschrecken.
In einer großen Pfanne die geschnittene Zwiebel, den zerdr. Knoblauch glasig anrösten, den geschnittenen Schinken dazugeben, dann die Spätzle darunterrühren, mit Salz und Pfeffer würzen und kurz durchrösten.

Anschließend den Käse über der Masse verteilen und im Rohr kurz überbacken (bis der Käse geschmolzen ist). Anrichten und ev. mit Röstzwiebeln und gebratenem Schinken garnieren. Dazu passt Salat.

Gebackene Schwarzwurzeln mit Knoblauchsauce

Zutaten: 1 ½ kg Schwarzwurzeln, ½ Bund Petersilie, ¼ kg glattes Mehl, 3/16 l Milch, 2 Eier, 4 dag Butter, 3/16 l Wasser oder Bier, ⅛ l Mayonnaise, ⅛ l Joghurt, 5 Zehen Knoblauch, 1 Bund Jungzwiebeln, Salz, Pfeffer, Zitronensaft, Mehl, Fett zum Backen.

Zubereitung: Schwarzwurzeln putzen, schälen und in ca. 4 cm lange Stücke schneiden. In leicht gesalzenem Wasser bißfest kochen, abseihen, abschrecken und gut abtropfen lassen. Dann salzen, mit Zitronensaft beträufeln, mit feingehackter Petersilie bestreuen, gut vermischen und einige Minuten ziehen lassen. Für den Backteig die Eier trennen. Dotter, Milch, Mehl, Wasser oder Bier und eine Prise Salz verrühren. Butter schmelzen und

und in den Teig rühren. Eiklar zu Schnee schlagen und behutsam unter den Teig heben. Für die Sauce die Jungzwiebeln putzen, waschen und in feine Streifen schneiden. In leicht gesalzenem Wasser kurz kochen, abseihen, abschrecken und gut abtropfen lassen.
Mayonnaise und Joghurt verrühren, mit Salz, Pfeffer und zerdrücktem Knoblauch abschmecken und die Zwiebeln einrühren. Das Backfett erhitzen. Die Schwarzwurzeln durch den Backteig ziehen und in Fett schwimmend backen. Aus dem Fett heben, auf Küchenpapier abtropfen lassen und mit der Knoblauchsauce anrichten.

Kalbsschnitzel mit Spinatfülle

Zutaten: 4 Kalbsschnitzel (je 15 dkg), 50 dkg frischen Blattspinat (oder TK), 1 Bund Basilikum oder Petersilie, 12 dkg Magertopfen, 2 Eier, 2 EL ger. Käse, 3 Knoblauchzehen, 10 dkg entrindetes Schwarzbrot, 1 Zwiebel, Brösel, Öl, Suppe, Salz, Pfeffer.

Zubereitung: Spinat in leicht gesalzenem Wasser überkochen, abseihen, abschrecken, gut abtropfen lassen und grob schneiden, Schwarzbrot in gleich große Stücke schneiden und in wenig Öl goldbraun braten. Herausnehmen und im Bratenrückstand fein gehackte Zwiebel und zerdrückten Knoblauch anschwitzen. Topfen, Eier, Brösel, feingeschnittenes Basilikum (Petersilie) zugeben, salzen und pfeffern. Den Käse, Spinat und Zwiebel dazugeben und gut vermischen. Schnitzel behutsam klopfen, salzen und pfeffern. In die Mitte jedes Schnitzels etwas Fülle setzen, zusammenklappen und die Ränder gut verschließen. Fleisch nochmals würzen, in wenig Öl beidseitig anbraten und dann im Rohr auf der mittleren Schiene bei ca. 200 Grad 15 Minuten fertig braten. Evtl. etwas Suppe zugießen und mit dem entstehenden Bratensaft übergießen. Mit Buttererdäpfel, Gemüse und Salat servieren.

Würziges Zucchini-Gulasch

50 dag Zucchini, 2 Knackwürste, 1 Zwiebel, 3 Knoblauchzehen, 1/8 l Öl, je 1 EL Paprikapulver scharf/edelsüß, 1 EL glattes Mehl, 3/8 l Würfelsuppe, 1/4 l Rahm, Salz, Pfeffer.

Zucchini halbieren und in 1 cm dicke Scheiben schneiden. Die Knacker enthäuten, halbieren und in 5 mm dicke Scheiben schneiden. Die Zwiebel fein hacken, den Knoblauch fein schneiden, beides in heißem Öl anrösten, die Zucchini- und Wurstscheiben dazugeben, Paprikapulver und Mehl unterrühren. Sofort mit Suppe aufgießen, mit Salz und Pfeffer abschmecken, bei geringer Hitze kochen, öfter umrühren. Zuletzt den Rahm glattrühren und in das Gulasch geben, etwa 1 Min. kochen lassen

Brokkolipüree

50 dkg Brokkoli, 1/8 l Schlagobers,
1 mehliger Erdapfel, 1/16 l Suppe,
1/2 Zwiebel, 1 El. Butter.
Salz, Pfeffer, Muskatnuss.

Brokkoli waschen, putzen, in kl. Stücke schneiden (auch die Stiele verwenden), in leicht gesalzenem Wasser weich kochen, abseihen, abschrecken, feinst pürieren. Fein gehackte Zwiebel in Butter anschwitzen, Suppe zugießen u. fast ganz einkochen lassen, Schlagobers cremig einkochen. Brokkolimasse einrühren, mit Salz, Pfeffer u. Muskatnuss abschmecken.

Gefüllte Erdäpfel

Zutaten: 4 große Kartoffeln, 10 dag Speck, 2 kleine Zwiebeln, 2 El Öl, 25 dag Faschiertes vom Rind, Salz, schwarzer Pfeffer, 2 TL getrockneter Thymian, 1 Ei, 5 dag geriebener Emmentaler, 1/2 Bund Petersilie, 20 dag Rahm.

Zubereitung: Die Kartoffeln gründlich waschen und 20 - 30 Minuten in kochendem Wasser knapp gar kochen. Längs halbieren und mit einem kleinen Löffel sehr vorsichtig aushöhlen. Das ausgelöste Kartoffelfleisch, den Speck und die Zwiebeln fein würfeln. Den Ofen auf 200° vorheizen. Speck und Zwiebeln in einer Pfanne hell andünsten. Faschiertes ebenfalls anbraten. Mit Salz, Pfeffer und Thymian pikant würzen und das Kartoffelfleisch auch kurz mitbraten. Das Ei mit der Fleisch-Kartoffelmischung und dem geriebenen Käse in einer großen Schüssel gut vermengen. Abschmecken!

Ein Blech mit Butter bestreichen und die Kartoffeln auf das Blech setzen, mit der Fleischmasse füllen.

25 min. im heißen Ofen überbacken.

Petersilie waschen und sehr fein hacken. 1TL Rahm auf jede Kartoffel geben, mit Petersilie bestreuen und servieren.

Hühnerfilet in Bierkräuterteig

Zutaten: (für 4 Personen) 4 Hühnerfiletschnitzel od. Putenschnitzel, 2 Eier, 1/4 l Bier, 2 P. 8 Kräuter (tiefgekühlt), Kräutersalz, glattes Mehl.

Mehl, Bier, Kräuter, Dotter, Salz zu einem glatten Teig verrühren. Rasten lassen. Schnee unterheben. Schnitzel durch den Teig ziehen u. in Öl zugedeckt backen. Nach dem Wenden nicht mehr zudecken, damit die Kräuterkruste knusprig bleibt.

Dazu passt Petersilreis u. Salat nach Wunsch.

Bärlauchspinat

Den Bärlauch fein schneiden.
Mit wenig Wasser kurz kochen
und dann pürieren. Eine
helle Einmach machen. Mit
Rindsuppe aufgießen. Mit Salz,
ein wenig Butter und
Muskatnuß würzen.

Eierschwammerlauflauf

Zutaten: 45 dag Eierschwammerl (oder Champignons) 15 dag Erbsen, 1 Zwiebel, 1/2 Bund Petersilie, Butter, 4 dag glattes Mehl, 1/4 l Milch, 2 Eier, Salz, Pfeffer, Muskat, 5 dag geriebenen Käse.

Zubereitung: Die Zwiebel fein hacken und in Butter anlaufen lassen, geputzte Eierschwammerl (oder Champignons) zerkleinern und dazugeben. Salzen und kurz dünsten lassen. Erbsen und gehackte Petersilie dazugeben und ebenfalls kurz dünsten. Aus 4 dag Butter, Mehl und Milch eine helle Bechamelsauce zubereiten. Abkühlen lassen und mit Salz, Pfeffer und Muskat würzen. Zum Schluß zwei Eidotter und den Käse einrühren. Die Eiklar zu steifem Schnee schlagen. Die Bechamelsauce mit der Schwammerl-Erbsen-Mischung vermengen und den Schnee unterziehen. Diese Masse in eine befettete Form füllen; im vorgeheizten Rohr bei 180 Grad etwa eine halbe Stunde backen. Als Beilage: Salat.

Polentaknödel

Zutaten: 12 dkg Polentagrieß, 1/4 l Milch, 1 Suppenwürfel, 6 dkg Butter, 2 Eier, 6 dkg Brösel, Kräuter nach Belieben, Salz.

Zubereitung:
Suppenwürfel in Milch aufkochen, Polenta einkochen, bis ein dicker Brei entsteht, Butter einrühren, auskühlen lassen. In die Masse Eier, Brösel und Kräuter einarbeiten. Kleine Knödel formen und in Salzwasser 12 bis 15 Minuten leicht wallend kochen lassen.
Paßt zu Wild und Braten.

Birnen – Grießauflauf

Zutaten: (für 4–6 Personen) 3 große Birnen, 1 Zitrone, 3/8 l Rotwein, 1/8 l Wasser, 125 g Zucker, 1 Stange Zimt, 3 ganze Nelken, 1 l Milch, 1 Prise Salz, 20 dag Hartweizengrieß, 3 Eier, 125 g Butter, 1 Pkt. Vanillezucker, 1 TL gemahlener Zimt, 2 EL Mandelblättchen.

Zubereitung: Birnen schälen, halbieren, entkernen. Zitrone zur Hälfte abreiben, Saft auspressen. Birnen mit Zitronensaft beträufeln, Wein, Wasser, 2 EL Zucker, Zimtstange, Nelken und abgeschälte Schale der 2. Zitronenhälfte zum Kochen bringen. Birnen dazugeben und ca. 5 bis 8 Min. ziehen lassen. In der Flüssigkeit auskühlen lassen. Milch mit Salz aufkochen, Grieß einrieseln lassen und alles zu einem dicken Brei kochen. Eier trennen. 75 g Fett, 6 dag Zucker,

Vanillinzucker, Eidotter, geriebene Zitronenschale schaumig rühren, unter den Grießbrei rühren. Mit restlichem Zitronensaft abschmecken. Eiklar zu steifem Schnee schlagen und unter den heißen Grießbrei ziehen. Große, flache Auflaufform gut mit Fett ausstreichen. Grieß einfüllen, glattstreichen. Birnenhälften leicht hinein drücken, mit Zucker, Zimt und Mandelblättchen bestreuen, mit restlichem Fett in Flöckchen belegen, bei 120 grad 25 bis 30 Minuten überbacken.

Schweinskoteletts mit Sauerampferfüllung und Kräutersauce

Zutaten: 4 Koteletts, 2 El Öl, Salz, Pfeffer, ½ Zwiebel, 1 Knoblauchzehe, 50g ger. Speck, 2 El Roquefortkäse, 4 El. geh. Sauerampfer, 2 El. Schnittlauch; Sauce: je 2 El. geh. Schnittlauch, Sauerampfer, Kresse, Bärlauch, Brennesselblätter u. anderes Wildgemüse, ½ Zwiebel, 1 Knoblauchzehe, 1 El Mehl, ⅛ Suppe, ⅛ Obers, 1 El Öl, Salz, Pfeffer, Oregano.

Zubereitung: In die Koteletts eine Tasche schneiden. Zwiebel, Knoblauch und Speck fein hacken und mit zerdrücktem Käse und gehackten Kräutern mischen. Koteletts würzen u. füllen. Öffnung mit Holzspießchen zustecken. Koteletts in einer großen Pfanne in heißem Öl auf jeder Seite kräftig braun anbraten, Hitze reduzieren u. auf jeder Seite noch 6 Minuten braten.

Sauce: Gehackte Zwiebel in heißem Öl anrösten, die gehackten Kräuter zugeben, mit Mehl stauben und mit Suppe aufgießen. 5 Minuten köcheln lassen, mit einem Stabmixer pürieren. Obers einrühren u. mit Salz, Pfeffer u. Oregano abschmecken. Mit Bratkartoffeln servieren.

Brokkoliauflauf

Zutaten:

2 Rosen Brokkoli, 8 Bl. Schinken, 2 EL Butter
Sauce: 1/4 l Milch, 1/4 Zwiebel fein gehackt,
3 Pfefferkörner, 1 EL glattes Mehl,
2 EL Margarine, 2 Dotter
Salz, Muskatnuss
3 EL Hartkäse gerieben.

Zubereitung:

Brokkoli waschen, in Röschen teilen und in Salzwasser bissfest kochen. Schinken in Margarine kurz anbraten und in eine feuerfeste, befettete Form legen.
Sauce: Milch mit Pfefferkörnern und Zwiebel aufkochen, 10 Minuten ziehen lassen. Mehl in Butter anschwitzen und erkalten lassen. Mit der heißen Milch glatt rühren und mit den Gewürzen nochmals ca. 3 Minuten unter ständigem Rühren köcheln lassen. Pfefferkörner entfernen, abkühlen lassen, dann Dotter und geriebenen Käse unterziehen. Brokkoli auf den Schinken setzen und die Sauce darüber verteilen. Im vorgeheizten Backrohr bei 220 Grad überbacken.

Ziegenkäsestrudel

Zutaten: Blätterteig, Zwiebeln, Knoblauch, getrocknete Kräuter wie Dost, Petersilie, wilder Majoran, Butter, 1 Ei, Ziegenfrischkäse ca. 1/2 kg, Salz.

Zubereitung: Zwiebeln und Knoblauch (Menge nach Geschmack) hacken, in Butter glasig werden lassen, Kräuter kurz mitbraten. Vom Feuer nehmen und den Ziegenkäse zerbröckeln und unterrühren. Salzen. Den Teig ausrollen, mit Fülle bestreichen und einrollen. Mit Ei bestreichen und bei 200° im Rohr goldbraun backen.

Schwammerlgulasch mit Kartoffeln

Zutaten: 40 dkg Champignons, 6 dag Butter, 2 TL Mehl, 1/4 l Sauerrahm, Salz, Pfeffer, Paprika, Petersilie, 1 große Kartoffel, 1 TL Suppenpulver, 1/8 l Wasser.

Zubereitung: Die geputzten Chamignons blättrig schneiden, salzen, pfeffern und in erhitzter Butter rasch durchrösten. Die kleingeschnittene Kartoffel und 1/8 l Wasser dazugeben. Mit Paprika und Sauerrahm abschmecken und kochen lassen, bis die Kartoffel weich ist. Mit gehackter Petersilie bestreuen. Dazu Serviettenknödel und Salat servieren.

Koteletts mit Käse - Kräuterkruste

Zutaten (für 4 Personen):
10 Koteletts ohne Knochen,
(ev. auch Schweinslungenbraten), 2 Eier,
1/2 Becher Creme fraiche, ca. 10 dag
ger. Emmentaler, 1 P. 8 - Kräuter, Mehl, Butter,
Salz, Pfeffer.

Zubereitung: Das Fleisch würzen, mit Mehl stauben und in Butter anbraten, mit Wasser aufgießen, weich dünsten. Die Eier, Creme fraiche, Käse und Kräuter gut vermischen. Das Fleisch in eine befettete Auflaufform schichten, Kräutermasse darübergießen und ca. 20 Min. bei 200° im Rohr überbacken. Mit Reis, Salat und Pommes frites servieren.

Polentalaibchen mit Lauchsauce

Zutaten: 30 dag Maisgrieß, 3 Zwiebeln, 2 Esslöffel Butter, 20 dag Topfen, 1 Esslöffel geriebenen Käse, Salz, Pfeffer, 1 Stange Lauch, 1/4 l Rindsuppe, 1/4 l Schlagobers, Saft einer halben Zitrone, Mehl, Öl.

Zubereitung: Dreiviertel Liter Wasser aufkochen. Den Maisgrieß einrühren und etwa 25 Minuten dünsten lassen. Öfter umrühren. Zwei Zwiebeln fein hacken; in erhitzter Butter anschwitzen lassen. Samt Topfen, Käse, Salz und Pfeffer in die Grießmasse einrühren. Eine Rolle formen. In Scheiben schneiden und Laibchen formen. In Mehl tauchen und in heißem Öl herausbacken. Die dritte Zwiebel fein hacken. In die Suppe geben und aufkochen lassen. Das Schlagobers dazugießen und etwas einkochen lassen. Mit Salz, Pfeffer und Zitronensaft würzen. Den Lauch in ganz feine Ringe schneiden und etwas überkochen; in die Sauce rühren. Eventuell mit etwas Mehl stauben. Zu den Polentalaibchen servieren.

Palatschinken mit Basilikum

Zutaten: 150g Weizenmehl, 270ml Milch, 3 Eiweiß, 3 Eidotter, 1TL Liebstöckl, 2EL Basilikum, 6EL Butter, Salz, Pfeffer

Zubereitung: Mehl mit Milch und einer Prise Salz und Pfeffer in einer Schüssel vermengen. Eidotter zugeben und das Ganze zu einem glatten, dünnflüssigen Teig rühren. Eiweiß zu steifem Schnee schlagen und unterheben. Anschließend mischen Sie die Gewürze unter. Die Butter wird nun in einer Pfanne erhitzt. Gießen Sie jeweils nur soviel Teig in die Pfanne, dass der Boden bedeckt ist. Von beiden Seiten hellbraun backen.

Kürbiskraut

Zutaten:

1½ - 2 kg Kürbis, 5 dag Zwiebel, fein gehackt,
1 EL Öl, 1 EL Weizenvollmehl, ¼ l Rahm,
2 EL Paradeismark, 1 TL Paprika,
1 Bund Dille, 1 EL Petersilie,
4 mittelgroße Erdäpfel, gekocht, geschält,
etwas Obstessig, Salz

Zubereitung:

Kürbis schälen, vierteln, Kerngehäuse entfernen, feinnudelig schneiden, salzen, 1 Stunde stehen lassen.
Zwiebel in Öl anrösten, mit Mehl stauben, rösten, Kürbis dazugeben, ca. 20 Minuten dünsten.
Rahm und Paradeismark, Paprika und gehackten Kräutern verrühren, in das Kürbisgemüse einmengen.
Erdäpfel würfelig schneiden, zum Kürbiskraut geben, durchwärmen, mit einigen Tropfen Essig abschmecken.

Anmerkung: Kürbiskraut kann mit kleinwürfelig geschnittener Wurst verbessert werden.

Kräuterknödel:

mit Eier-Schinken-Fülle auf Schwammerlsauce

Zutaten: (für 4 Personen)

1/2 kg Erdäpfel, gehackte Gartenkräuter je nach Saison, 2 Eidotter, 3 dag griffiges Mehl.
Fülle: 3 Eier, 10 dag feingehackter Preßschinken, 1 Bund Schnittlauch.
Sauce: 30 dag Champignons, etwas Butter, Prise Mehl, gehackte Petersilie, 1/8 L Obers.

Zubereitung:

Gekochte, geschälte Erdäpfel durchdrücken und mit Eidottern, Fett, Mehl und reichlichen gehackten Kräutern vermischen. Teig kneten, Rolle formen, und Scheiben abschneiden. Den feingehackten Pressschinken in Butter anrösten, Eier dazuschlagen, Schnittlauch dazugeben, rasch vermengen, überkühlen lassen. Häufchen davon auf die Erdäpfelscheiben geben, Knödel formen und in siedendem Wasser 15 Minuten schwach wallend garziehen lassen.

Sauce:

Champignons in feine Scheiben schneiden,
in etwas Butter oder Margarine leicht
dünsten, gehackte Petersilie daraufstreuen,
mit ganz wenig Mehl stauben und mit
Obers aufgießen. Rasch zu einer molligen
Sauce verkochen. Schwammerlsauce in einer
flachen Schüssel anrichten, Knödel aus dem
Wasser nehmen, abtropfen lassen und
auf der Sauce anrichten.
Sofort servieren.

Hirselaibchen mit Schnittlauchsauce

Zutaten: 1/2 Kaffeetasse Hirse, 1 Gemüse=suppenwürfel, 2 Eier, 2 EL Mehl, ev. Knoblauch, Salz, Schinken, Käse.

Sauce: 1 Becher Rahm, 1 zerdr. Knoblauchzehe, Salz, Schnittlauch.

Zubereitung: Hirse mit doppelter Wassermenge unter Zugabe des Suppen=würfels aufkochen- ca. eine 1/2 Std. ausquellen und dann überkühlen lassen. Eier, Mehl, Knoblauch und Salz unterrühren; in einer Pfanne etwas Öl erhitzen, mit einem Eßlöffel Häufchen ausstechen, in die Pfanne setzen und zu Laibchen aus=einanderdrücken, braun an=braten, wenden, mit einer 1/2 Schinken- und 1 Käsescheibe belegen, zudecken und weitere 3-5 Min. braten - servieren.

Sauce: Rahm, Salz, Knoblauch und feingeh. Schnittlauch gut verrühren.

Gefüllte Champignons

12 große geschlossene Champignons, 1 kleine Zwiebel, grüne Petersilie, 1 Eßlöffel Öl, Salz, Pfeffer, Zitronensaft, 3 Eßlöffel Tomatenmark, 1 Kaffeelöffel Cognac, 2 Eßlöffel Haferflocken, 1 Ei, 50 g geriebener Käse.

Die Chmpignons sauber putzen, kalt waschen , von den Stielen befreien und ein wenig aushöhlen. Der Champignonabfall und die Stiele werden mit einer fein gehackten Zwiebel bzw. Petersilie in ein wenig Öl durchgeröstet. Danach mit Salz,

Pfeffer, Zitronensaft, Tomatenmark und Cognac abschmecken, noch einmal kurz durchrösten und mit ein paar Haferflocken verrühren. Nach dem Überkühlen wird die Masse mit einem Ei vermischt. Damit werden die Champignonköpfe hoch gefüllt. 1/4 Stunde vor dem Servieren werden diese mit geriebenem Käse bestreut, in eine befettete Pfanne gesetzt und im heißem Rohr ca. 15 Minuten überbacken.

Eingebrannte Erdäpfel

Zutaten: 4 dag Fett oder 6 dag roher Selchspeck, 3 dag Mehl, 1 Essl. feingehackte Zwiebel, Petersilie, Kümmel, Salz, Pfeffer, 1 Lorbeerblatt, 1 Schuss Essig, Suppe oder Wasser, 3/4 kg Erdäpfel, einige Essiggurkerl nach Geschmack

Zubereitung: Aus Fett oder feingehacktem rohem Selchspeck und Mehl eine goldbraune Einbrenn bereiten, die Zwiebel, vermischt mit feingehackter grüner Petersilie, dazugeben, kurz durchrösten, mit einer Prise Kümmel, Salz und Pfeffer würzen, Lorbeerblatt dazugeben. Mit einem Schuss Essig abschrecken und mit Suppe oder Wasser zu einer nicht zu dicken Sauce aufgießen, die man

15 Minuten kochen läßt.

Hierauf die Sauce über die gekochten, blättrig geschnittenen Erdäpfel passieren.

Zuletzt die blättrig geschnittenen Essig=gurkerl dazugeben.

Erdäpfelstrudel

Zutaten: 20 dag Butter, 20 dag Topfen, 20 dag Mehl, Salz. Fülle: ca. 10 Stück passierte Erdäpfel, 1/4 kg Topfen, 2 ganze Eier, 1 Dotter. Salz, 20 dag gewürfelter Schinken, 1 geschnittene, geröstete Zwiebel, Kräuter (Petersilie usw.), Muskat.

Zubereitung: Aus Butter, Topfen, Mehl und Salz einen Teig bereiten, rasten lassen, halbieren und jede Hälfte ausrollen. 1 Hälfte in eine Bratpfanne oder Auflaufform legen. Die Zutaten für die Fülle verrühren, auf den Teig streichen und mit der zweiten Teighälfte abdecken, mit Ei bestreichen und ca. 30 Minuten backen. Mit Käsesauce und Salat servieren.

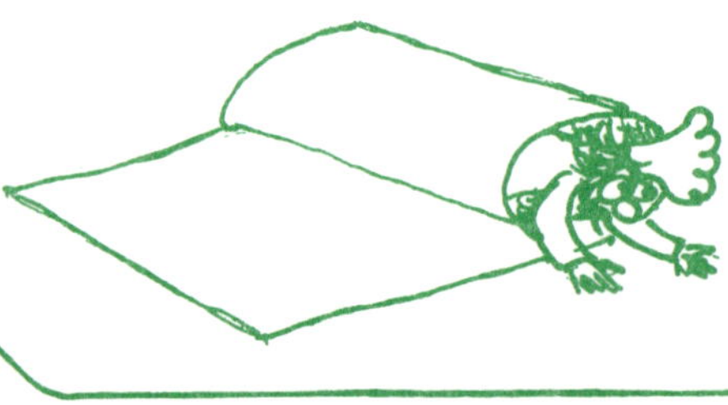

Vegetarische Krautrouladen

Zutaten: 8 gr. Krautblätter, Salz, Pfeffer, 1/4 kg Karotten, 1 Stange Lauch, 2 gr. Zwiebeln, 1 Handvoll Erbsen, 1 Tasse gekochter Reis, event. Champignons, Curry, Petersilie, Majoran.

Krautblätter einige Min. aufkochen, kalt abschrecken, abtropfen, ausbreiten, salzen, pfeffern, Zwiebeln u. Karotten klein schneiden, in etwas Fett kurz dünsten, in Ringe geschnittenen Lauch, Erbsen u. geschn. Schwammerl dazugeben, etwas dünsten. Gewürze u. Reis einmengen. Zum Binden kann man 1 Ei, Haferflocken od. etwas Mehl verwenden. Die Masse auf die Krautblätter oder 8 Weckerl streichen. Bläter einrollen. Rollāden in eine Form m. etwas Suppe einlegen. Bei 180° 1/2 Std. braten. Öfter begießen. Mit Paradeissoße u. Kartoffeln servieren.

Pikantes Krautfleisch mit Faschiertem

Zutaten: 70 dag Weißkraut, 40 dag Faschiertes, 1 grüner Paprika, 1 mittlere Zwiebel, Knoblauch, Salz, Pfeffer, Majoran, ger. Kümmel, Ketchup (mild oder scharf).

Zubereitung: Zwiebel etwas anrösten, Faschiertes dazugeben, würzen und mitrösten. Weißkraut hobeln und dazugeben. Paprika klein schneiden, daruntermischen, mit etwas Flüssigkeit aufgießen und langsam köcheln lassen. Mit Ketchup abschmecken. Mit Kartoffelpüree oder Salzkartoffeln servieren.

Gefüllte Paprika

4 große Paprika, 100 g Reis, 250 g Faschiertes, 1 kleine Zwiebel, Öl, Salz und Pfeffer.

Feingehackte Zwiebel in Fett anrösten und mit dem Faschierten vermischen.
Reis kochen und dazugeben, salzen, pfeffern. Paprika aushöhlen und befüllen, den Deckel wieder aufsetzen und die Paprika in eine Auflaufform stellen.
Im Rohr weichdünsten.
Mit Paradeissauce servieren!

Eierschwammerl - Ragout

Zutaten: 3/4 kg frische Eierschwammerl
1 mittlere Zwiebel
3 mittlere Kartoffeln
1-2 kleine Zucchini
Salz, Pfeffer
etwas Butter
1/2 Bund Schnittlauch

Zubereitung: Zwiebel fein hacken und in Butter auschwitzen. Die geputzten und gewaschenen Eierschwammerl dazugeben und kurz anrösten. Dann die kleingeschnittenen rohen Kartoffeln und die fein geraspelten Zucchini dazugeben und auf kleiner Flamme weich dünsten. Würzen und mit Schnittlauch bestreut servieren.

Gebackene Zellerscheiben mit Vogerlsalat

Zutaten: 2 mittelgroße Zellerknollen, 2 Eier, Mehl, Brösel, 15 dag Vogerlsalat, 4 Radieschen, Essig, Öl, Salz, Salatkräuter.

Zubereitung: Salat: Radieschen in kleine Stifte schneiden und zum geputzten Salat geben, die Marinade mit den Kräutern über den Salat gießen.

Die Zellerknollen schälen und in ca. 1 cm dicke Scheiben schneiden, panieren und in erhitztem Kokosfett beidseitig schön braun braten, bis sie außen knusprig, innen aber weich sind (ca. 5 Min.). Die schon gebratenen Scheiben im Backrohr bei 50° warm halten.

Würzige Kartoffelpfanne

Zutaten für 4 Portionen:

500 g kleine festkochende Kartoffeln, Salz, Pfeffer, 150 g Champignons, 150 g Zucchini, 1 rote Paprikaschote, 100 g Mais (Dose), 250 g durchwachsener Bauchspeck, 3-4 EL Öl, je 1/2 Bund Schnittlauch und Petersilie.

So wird's gemacht. Kartoffeln ca. 25 Min. in Salzwasser kochen, schälen und auskühlen lassen. Evtl. halbieren oder vierteln, Champignons putzen, evtl. vierteln. Zucchini und Paprika putzen, waschen, in Scheiben bzw. Würfel teilen, Mais abtropfen lassen. Speck in Scheiben schneiden und bei mittlerer Hitze im Öl ausbraten. Herausnehmen, Kartoffeln hineingeben und ca. 5 Min. unter Schwenken knusprig braten. Das übrige Gemüse zugeben und weitere 3 Min. dünsten. Die Kräuter unter kaltem Wasser abbrausen und trockenschütteln, Schnittlauch in Röllchen schneiden, Petersilie hacken. Beides mit Speck in die Pfanne geben, mit Pfeffer und Salz abschmecken.

Wurzelgulasch

Zutaten: 1 kg Wadschinken, 2 Karotten, 6 Kartoffeln, 1 kleine Sellerieknolle, 1 kleine Kohlrübe, Schnittlauch, Salz, Pfefferkörner, Lorbeerblatt, Wacholderbeeren;

Zubereitung: Das Fleisch in Würfel schneiden. Das Gemüse zur Hälfte raspeln, zur Hälfte würfeln. Fleisch und geraspeltes Gemüse mit Lorbeerblatt, Pfefferkörnern, Wacholderbeeren und Salz 1 1/4 Stunden köcheln lassen. Fleisch herausnehmen, Lorbeerblatt entfernen und die Sauce passieren. Fleisch und restliches Gemüse in der Sauce zu Ende garen. Geschnittenen Schnittlauch unterrühren und anrichten.

Pikanter Zucchinikuchen

Zutaten: 1kg Zucchini, 1 Bund glatte Petersilie, 150 g Emmentaler, 125 ml Obers, 3 Eier, 3 El Mehl, Salz, weißer Pfeffer, Muskatpulver

Zubereitung: Zucchini waschen, putzen. In der Küchenmaschine grob raspeln. Petersilie fein hacken. Käse reiben. Obers, Eier und Mehl verquirlen. Zucchini, Petersilie und Käse unterrühren und würzen. Backofen auf 200 Grad vorheizen. Eine Kastenform fetten. Zucchiniteig einfüllen und glatt streichen. Ca eine Stunde backen. Kuchen stürzen, in Scheiben schneiden und heiß zu Steaks oder Schnitzel servieren.

Pilze im Winterschlaf

Pfifferlinge, Steinpilze, Rotkappen oder Maronenröhrlinge.

Die Pilze sorgfältig putzen, waschen. In Scheibchen oder Stücke schneiden, kleine Pilze ganz lassen. Nochmals mit kaltem Wasser abbrausen. Nur wenig abtropfen lassen, und möglichst ohne weitere Wasserzugabe bei starker Hitze andünsten. Dabei vorsichtig, aber ständig rühren, bis sie selbst Saft ziehen. Abkühlen lassen, in Plastikdosen oder Schraubgläser füllen und schockfrosten. Nach 3-4 Stunden das Gerät wieder auf „normal" stellen. Haltbarkeit: 4 Monate.

Hinweis: Pilze und Pilzgerichte müssen angetaut, niemals aufgetaut verwendet werden.

Gebackener Sellerie

2 Sellerieknollen, Zitronensaft, Salz, Pfeffer, 3 Eier, 1 Tasse geriebener Emmentalerkäse, 1/2 Tasse Brösel,
Fett zum Braten.

Die ganzen Sellerieknollen in Salzwasser fast weichkochen. Nach dem Erkalten in 1/2 cm dicke Scheiben schneiden, mit Salz, Pfeffer und Zitronensaft würzen und im verschlagenen Ei wenden. Brösel mit Käse vermischen; die Selleriescheiben darin wenden und in heißem Fett darin braten.

Fisolen = Grüne Bohnen

1 kg Fisolen	Petersilie
1 kleine Zwiebel	Pfeffer
4 dag Fett	Essig
4 dag Mehl	1/8 l Rahm

Die Fisolen putzen, waschen, in 2 cm lange Stücke schneiden und in Salzwasser weich kochen. Die Zwiebel fein hacken, zusammen mit der Petersilie im Fett anlaufen lassen, das Mehl dazugeben, kurz durchrösten und mit Knochen-suppe oder dem Fisolenwasser auf-gießen. Kurz verkochen lassen, die abgeseihten Fisolen dazugeben, den sauren Rahm darunterrühren, mit Salz, Pfeffer und Essig abschmecken. – Zur Abwechslung kann man etwas feingehacktes Dillenkraut mitkochen.

Kohlschnitzel

2 große Grünkohl-Köpfe, 30 g Butter, 1 Zwiebel, Petersilie, 150 g Champignons, 2 Eier, 6-8 Eßlöffel Haferflocken.

Der Kohl wird geputzt, gewaschen, in Salzwasser halbweich gekocht und grob gehackt. In die heiße Butter die feingehackte Zwiebel, Petersilie und Salz geben, darin die Champignons weich dünsten. Anschließend aus dieser Masse, den Eiern und Haferflocken Laibchen formen und auf befettetem Blech backen.

Erdäpfelkrapfen mit Kräutern

Zutaten: 75 dag mehlige Erdäpfel, tiefgefrorene, gehackte Kräuter, Muskat, 2 Dotter, Salz, 5 dag Butter.

Zubereitung: Erdäpfel schälen, vierteln und in Salzwasser weich kochen. Passieren und mit Salz und Muskat würzen. Mit Butter und Dotter rasch zu einer festen Masse verarbeiten, die gehackten Kräuter untermengen. In einen Dressiersack mit großer Sterntülle füllen und auf ein gebuttertes Backblech Krapferl spritzen. Im heißen Backrohr rasch goldgelb backen und als Beilage servieren.

Paprikasauce

1 rote Paprika putzen und klein würfelig schneiden.
Eine halbe Zwiebel schälen, fein hacken, Zwiebel und Paprika in 1 Eßlöffel Butter anschwitzen, mit 1 / 4 l klarer Suppe und 1 / 8 l Schlagobers aufgießen und weichkochen.
Sauce mit einem Stabmixer pürieren, mit Salz, Pfeffer und Zitronensaft würzen.

Steinpilze vom Rost

Zutaten für 2 Personen:

500 g schöne, frische Steinpilze • etwas Butter • 2 EBL. Traubenkernöl • etwas Salz • ein Hauch weißer Pfeffer

Die Pilze trocken putzen. Das heißt: nur wenig unten vom Stiel wegschneiden und angefressene Stellen entfernen. In der Pfanne die Butter zerlaufen lassen. Die Pilze mit den Köpfen nach unten hineinsetzen und leicht anrösten. Herausnehmen, abtupfen, der Länge nach in Scheiben schneiden, so dass etwa 5 mm starke Pilzscheiben entstehen. Auf einen Rost legen, mit etwas Öl benetzen und gerade so lange grillen, dass sich das weiße Fleisch eben vergoldet. Sie sollen cremig zart sein. Wenig salzen, kaum pfeffern, servieren.

Perlzwiebeln, glasiert

40 dag Perlzwiebeln
3 dag Butter
1 Kaffeelöffel Zucker
1 Prise Salz
1/8 l Knochensuppe

Die Perlzwiebeln schälen, mit der Butter, dem Zucker, dem Salz und der Suppe zustellen. Unter ständigem Schütteln so lange kochen lassen, bis die Flüssigkeit verdampft und die Zwiebeln weich geworden sind.
Diese Zwiebeln sind eine sehr schmack=hafte Beilage zu gebratenem oder gegrilltem Rindfleisch.

Petersilie, gebacken

Petersilie
Salz

Reichlich frische Petersilie von den groben Stängeln befreien und in nicht zu heißem Fett schwimmend backen. Auf Löschpapier abtropfen lassen und mit etwas Salz bestreuen. –

Eine sehr schön aussehende, gut schmeckende Garnierung zu gebratenem Fleisch, Geflügel oder Fisch.

Kräuteressig

Zutaten: Kräuter wie Estragon, Dill, Petersilie, Zitronenmelisse, Schnittlauch, Thymian, Basilikum u. Majoran.

Zubereitung: Ca. 10 cm lange Zweigenden der garten=frischen und ungewaschenen Kräuter in eine Flasche geben. Darüber Apfelessig gießen und 10 Tage in die Sonne stellen. Täglich durchschütteln. Dann kühl und dunkel lagern.

Möhrensalat

500 g Möhren, 1 rohes Ei, 2 Eßlöffel Honig, 250 g Magertopfen,
2 Eßlöffel geriebene Haselnüsse, Salatblätter.

Die geputzten Möhren reiben, in eine Schüssel geben. Das Ei mit Honig schaumig rühren, den Topfen hinzufügen, ebenso die geriebenen Möhren. Auf Salatblättern verteilen und mit geriebenen Haselnüssen überstreuen.

Löwenzahnsalat

Die Löwenzahnblätter werden gewaschen, fein geschnitten, mit Zitronensaft, Salz, 1 Teelöffel Honig und ein wenig Öl vermengt. Darüber streut man ein gehacktes, gekochtes Ei und einige gehackte Nüsse. Für den Löwenzahnsalat verwendet man nur die zarten inneren Blätter, die Knospen und die abgeschabten Wurzeln vor der Blüte. Sie werden fein geschnitten oder gewiegt.

Für die Marinade kann man beliebige Gewürzkräuter mitschneiden, zum Beispiel: Schnittlauch, Knoblauch, Estragon, Pimpinelle, Borretsch, Liebstöckel, Basilikum, Dille, Zitronenmelisse, Kerbel und vieles andere mehr. Auch etwas Kren kann beigefügt werden.

Blattsalat mit Karotten-Sauce

300 g gemischte Blattsalate, 150 g Karotten, 1/4 Joghurt, 1 Zitrone, 1 Eßlöffel Schnittlauch, Senf, Cayennepfeffer, Honig.

Salate zerpflücken, waschen, gut abtropfen lassen und in mundgerechte Stücke teilen. Karotten putzen, schälen und fein raspeln. Joghurt mit 2 Eßlöffel Zitronensaft, wenig abgeriebener Zitronenschale, 1/2 Teelöffel Honig und 1 Prise Cayennepfeffer verrühren. Karotten und die Sauce mit Salz würzen.

Salat mit der Karotten-Sauce behutsam vermischen und mit Schnittlauch bestreut servieren!

Warmer Krautsalat

Einen Krautkopf feinnudelig schneiden, in einen Topf geben, Salz u. Kümmel dazu, mit kochendem Wasser übergießen u. zugedeckt stehen lassen (ca. 2 Stunden), bis das Kraut weich ist. Dann das Wasser abgießen, in Scheiben geschnittene, gekochte Erdäpfel daruntermengen, mit Bratenfett schmalzen u. mit gekochtem, verdünntem Essig übergießen.
Zu Schweinsbraten oder Ripperl servieren!
Als Beilage schmecken Erdäpfelknödel ausgezeichnet!

Sellerie-Salat

Sellerie schälen, fein raspeln und mit folgender Marinade vermengen:

1/4 l sauren Rahm (oder Joghurt), Salz, Honig, 1 kleine Zwiebel, Schnittlauch (oder fein gehackte Petersilie).

Sauren Rahm, Salz, Honig verquirlen, nach Belieben die frischen Kräuter darunter mischen oder erst zuletzt über den marinierten Salat streuen.

Selleriesalat mit Äpfel

1 bis 2 Sellerieknollen, 3 Eßlöffel Öl,
2 Eßlöffel Zitronensaft, 1 Prise Salz,
1 Teelöffel feingehackte Kräuter,
2 Äpfel.

Die Knollen werden gut gereinigt und in der Schale gekocht. Abgeschält, werden sie in feine Scheiben geschnitten und mit der Salatsauce vermischt. Die blättrig geschnittenen Äpfel werden erst kurz vor dem Servieren in den fertigen Salat gegeben. - Man kann den Salat auch mit Mayonnaise anrichten.

Rettichsalat

Zutaten: 40 dag geriebener Rettich, 1 saurer Apfel, gerieben, Essig, Salz.

Zubereitung: alle Zutaten gut vermischen, den Salat kurz vor dem Verzehr zubereiten.
Dazu passen Vollkornlaibchen

Karottensalat mit Frühlingszwiebeln und Sonnenblumenkernen

Zutaten: 4 Karotten, 1 Bund Frühlingszwiebeln, 1 EL Sonnenblumenkerne. Kräutermarinade: 1/8 l Rahm, 1 EL Joghurt, 1 EL gem. Kräuter, 1 EL Öl, Salz, Pfeffer, Senf, Zucker,

Zubereitung: Karotten fein reiben, mit kleingehackten Frühlingszwiebeln und zerkleinerten Sonnenblumenkernen gut durchmischen. Auf grünen Salatblättern anrichten. und Kräutermarinade darübergeben. Für die Marinade alle Zutaten gut verrühren.

Champignonsalat

2 Tassen Naturreis, 2 Zwiebeln, Salz, Nelken, 250 g Champignons, 1 Becher Joghurt, 2 Eßlöffel Öl, 2 Eßlöffel Senf, Basilikum, Salz, Pfeffer, 1 bis 2 Eßlöffel Obstessig, 1/4 Stange Lauch, 1 grüne Paprikaschote, 2 bis 3 Tomaten, Salatblätter, Zitronensaft.

2 Tassen Naturreis mit 1 gehackten Zwiebel, etwas Salz und Nelken in knapp der doppelten Menge Wasser kochen (eventuell vorher einweichen) und abkühlen lassen.

250 g Champignons putzen, zerkleinern und mit einer Zwiebel und etwas Öl andünsten, etwas Zitronensaft darüberträufeln. Nun eine Marinade bereiten aus 1 Becher Joghurt, 2 Eßlöffel Öl, 2 Eßlöffel Senf, Basilikum, 1 Prise Salz, Pfeffer und 1 bis 2 Eßlöffel Obstessig. 1/4 Stange Lauch in Ringe schneiden, 1 grüne Paprikaschote in Streifen und 2 bis 3 Tomaten in Achtel. Gemüse locker unter den Reis heben und gut durchziehen lassen. Auf Salatblättern anrichten und mit Kräutern bestreuen.

Dahlienblüten-Salat

Zutaten: Blütenblätter der Dahlien, Zitronen-Saft, feines Öl, wenig Salz und Pfeffer.

Zubereitung: Die farbenfrohen Blütenblätter kalt waschen und abtropfen lassen, dann aus allen restlichen Zutaten eine Marinade bereiten und darunter mischen.

Nachspeisen

Apfelnockal mit Mohn

Zutaten: 40 g Butter, 1 Dotter, 1 Ei, eine Prise Salz, etw. Vanillezucker, 200 g mageren Topfen, 70 g glattes Mehl, 120 g Semmelwürfel, 2 El. Sauerrahm, geriebene Schale und Saft einer halben Zitrone, 3 feste Äpfel, 150 g. gemahlenen Mohn, 80 g Butter, Staubzucker

Zubereitung: Handwarme 40 g Butter, Salz, Vanillezucker, Ei und Dotter sehr schaumig rühren, nach und nach Topfen beifügen und ebenfalls schaumig aufschlagen. Die Äpfel schälen, grob reißen und mit Zitronensaft vermischen. Äpfel, Sauerrahm, gesiebtes Mehl, Semmelwürfel und Zitronenschale unter den Abtrieb heben, alles zu einer lockeren

Masse verarbeiten, zugedeckt eine Stunde kühl rasten lassen. Salzwasser zum Kochen bringen, mit 2 Esslöffeln aus der Masse Nockerl ausstechen und in das siedende Wasser einlegen. Zugedeckt auf kleiner Flamme ca. 10 Minuten köcheln lassen, herausheben und in einem Sieb gut abtropfen lassen. Nockerl anrichten, mit Mohn bestreuen, mit zerlassener Butter beträufeln, mit Staubzucker bestreuen und rasch servieren.

Kaiserknödel

Zutaten: 1 Paket Semmelwürfel, 1/4 l Milch, 10 dag Butter, 4 EBl. Feinkristallzucker und 2 Pckg. Vanillezucker, 2 EBl. Rosinen, etwas geriebene Zitronenschale, Zimt, Staubzucker zum Bestreuen.

Zubereitung: Die Semmelwürfel mit Milch übergießen. Dotter mit Zucker schaumig rühren; weiche Butter, Rosinen, Vanillezucker und Zitronenschale ebenfalls einrühren. Diese Knödelmasse in eine nasse Serviette einbinden und wie Serviettenknödel in leicht gesalzenem Wasser etwa eine halbe Stunde kochen. Danach wieder auswickeln, in dicke Scheiben schneiden, mit Zimt und Zucker bestreuen und servieren.

Dazu: Erdbeerkompott oder Zwetschkenröster.

Reisauflauf mit Äpfeln

20 dkg Reis werden gewaschen und in 1 l Milch weich gedünstet, dann kalt gestellt. Nun werden 10 dkg Butter abgetrieben mit 10 dkg Zucker, Zitronenschalen, 3 bis 4 Dotter, 4 Klar Schnee bißchen Salz verrührt, mit dem Reis vermischt. Die Hälfte d. Masse in eine mit Butter beschmierte Form gefüllt, mit feinblättrig geschnittenen Äpfeln belegt, ein paar Rosinen u. Zucker daraufgestreut, dann die 2. Hälfte Reis daraufgeb. u. bei mäßiger Hitze backen.

Himbeerauflauf

Zutaten: 1 Pkg. TK-Himbeeren, 3 EL Himbeergeist, 3 Eier, 7 dag Zucker, 1 Pkg. Vanillezucker, 6 dag Mehl, 1 Msp. Backpulver, 10 dag Creme fraiche, 2 EL Staubzucker.

Zubereitung: Gefrorene Himbeeren in eine flache, feuerfeste Auflauf=form füllen und mit Himbeergeist beträufeln. Eier, Zucker und Vanillezucker schaumig rühren, bis die Masse fast weiß ist. Mehl mit Backpulver vermischen und zusammen mit Creme fraiche unter Eimasse heben. Den Teig über die Himbeeren streichen und im vorgeheizten Back=

rohr bei 180 Grad Ober/Unter=
hitze ca. 20 bis 25 Minuten
backen. Mit Staubzucker
bestreuen und noch heiß ser=
vieren.

Mostviertler Himmel

ZUTATEN: 300 g Topfen, 130 g Mehl, 80 g Staubzucker, 2 Eier, 2 Eßlöffel Öl, Salz

2/16 l Wasser, 150 g Staubzucker, 300 g Holunderbeeren (Holler), 1 Eßlöffel Stärkemehl, 1 Msp. Zimt, etwas Zitronensaft

ZUBEREITUNG: Aus dem Topfen, dem Mehl, dem gesiebten Staubzucker, den Eiern dem Öl und dem Salz einen mittelfesten Teig herstellen. Mit einem Löffel kleine Nockerl formen und in kochendem Salzwasser zehn Minuten ziehen lassen.

Das Wasser mit Zucker, Zimt und Zitronensaft verkocht und die Holunderbeeren einkochen, zuletzt mit aufgelöstem Stärkemehl binden.

Guten Appetit!

Polenta mit Äpfeln

Zutaten: 20 dag Polenta (Maisgrieß), 1/2 l Milch, Prise Salz, 5 EL Obers, 2 EL Zucker, Vanillezucker, Zitronenschale, 2 Eier, 1/2 kg säuerliche Äpfel, Rosinen, 10 dag Butter.

Zubereitung: Milch mit einer Prise Salz zum Kochen bringen, die Polenta mit einer Schneerute unterrühren und kurz aufkochen lassen, bis ein dicklicher Brei entsteht. Masse auskühlen lassen, Obers, Gewürze und Eier einrühren. Butter in einer Form zergehen lassen, Polenta einfüllen und blättrig geschnittenen Äpfeln und Rosinen bestreuen. Zirka 20 Minuten im Backrohr bei 180 Grad backen. In Stücke schneiden und gut anzuckern.

Topfenroulade mit Erdbeeren

<u>Zutaten:</u> 3 Eier, 3 El. warmes Wasser, 12 dkg Staub=
zucker, 1 Pkg. Vanillezucker, 10 dkg Mehl, 1 Msp. Back=
pulver, Schale einer halben Zitrone. Fülle: 10 dkg
Butter, 7 dkg Staubzucker, 1 Dotter, Pkg Vanillezu=
cker, 25 dkg passierten Topfen, 1 El. Erdbeermar=
melade, 30 dkg Erdbeeren. Zum Garnieren: 2 El.
Schokoladeglasur, einige Erdbeeren.

Zubereitung: Dotter mit Wasser, Zucker Vanillezu=
cker und Zitronenschale sehr schaumig rühren.
Das mit Backpulver versiebte Mehl und den Ei=
schnee unterziehen. Fingerdick auf ein mit ge=
fettetem Pergamentpapier ausgelegtes Back=
blech streichen und im vorgeheizten Backrohr bei
250 Grad ca. 8 Minuten backen. Auf ein stark
mit Mehl bestaubtes Tuch stürzen, einrollen

und auskühlen lassen. Für die Creme Butter mit Staubzucker, Vanillezucker und Dotter schaumig rühren. Passierten Topfen glatt einrühren. Biskuit aufrollen und mit zwei Dritteln der Creme bestreichen, mit halbierten Erdbeeren belegen und fest einrollen. Die restliche Creme mit Erdbeermarmelade färben und die Roulade bestreichen. Etwas Creme zum Garnieren zurückbehalten. Mit erwärmter Schokoladeglasur Fäden über die Roulade ziehen und mit Erdbeeren und Creme garnieren.

Kalte Topfennockerl mit Hollerkoch

20 dkg Topfen, 12 dkg Staubzucker, 2 Dotter, etwas Zitronensaft- u. schale, Vanillezucker, Salz, 2 Bl. Gelatine, 1/4 l Obers.

1/4 kg Hollerbeeren, 1 Apfel, 10 dkg Zwetschken, Vanillezucker, Zimt, Zucker.

Topfen mit Zucker, Dottern u. den Geschmacksstoffen verrühren, aufgelöste Gelatine unterheben, zuletzt das geschlagene Obers beigeben, ca. 2 Stunden in den Kühlschrank stellen, mit einem Löffel dann Nockerl formen.

Hollerbeeren waschen, von den Stielen befreien, Apfel schälen, blättrig schneiden, Zwetschken entkernen, klein schneiden, alle Zut. bei kl. Hitze eine halbe Stunde kochen, süßen.

Apfelmilchreis mit Himbeersauce

1 l Milch, 1 Pr. Salz, etwas abger. Zitronenschale, Zitronensaft, 25 dkg Reis, 4 Äpfel, Vanillezucker, 4 El. Mandelblättchen, 2 El. Zucker, 50 dkg Himbeeren.

Milch mit Salz u. abger. Zitronenschale zum Kochen bringen, Reis einstreuen, 1x aufkochen, bei niedrigster Stufe im zuged. Topf ausquellen lassen.

Äpfel schälen, würfeln, mit Zitronensaft beträufeln, in den letzten 5 Min. unter den Milchreis geben, Vanillezucker dazu, Mandelbl. goldbraun rösten.

Himbeeren erwärmen u. zuckern, darauf den Milchreis anrichten, mit Mandelbl. bestreuen.

Apfeltraum

Zutaten: 1 Becher Schlagobers, 1 Pkg. Sahnesteif, 500 ml Apfelmus, 2 Pkg. Eierbiskotten, etwas Zimt, Rum.

Zubereitung: Schlagobers mit Sahnesteif sehr fest aufschlagen, Apfelmus und etwas Zimt untermengen. Biskotten mit einer Seite in Rum tunken und abwechselnd mit Apfelmusmasse in eine Schüssel schichten. 3 bis 5 Stunden im Kühlschrank ziehen lassen.

Grießpudding mit Himbeeren

Zutaten: 30 dag frische Himbeeren
3 EL Staubzucker, ½ l Milch,
1 Prise Salz, ungespritzte
Zitronenschale, 2 EL Zucker,
3-4 dag Grieß, 1 Eidotter,
1 Eiklar, 1 EL Mandelstifte,
2 Messerspitzen Butter,
1 TL Zucker.

Zubereitung: Die Himbeeren verlesen, kurz mit kaltem Wasser abbrausen und abtropfen lassen. In eine Schüssel geben und mit dem Staubzucker bestreuen.

Die Milch mit Salz, Zitronenschale und Zucker zum Kochen bringen. Topf vom Herd nehmen und den Grieß unter ständigem Rühren langsam einstreuen. Den Brei unter Rühren nochmals aufkochen und den Grieß ausquellen lassen. Den Eidotter verquirlen und unter den Grießpudding rühren. Eiklar steif schlagen und locker unterziehen. Den Grießpudding etwas abkühlen lassen und dann auf die vorbereiteten Himbeeren füllen. Kalt stellen.

Die Mandelstifte in der zerlassenen Butter, mit Zucker bestreut, unter Rühren hellbraun rösten und kurz vor dem Servieren über das Dessert geben.

Schokolade-Apfelschnitten

Zutaten: 250 g Butter, 200 g Staubzucker, 200 g ger. Walnüsse, 250 g Mehl, 1/2 Pkg. Vanillezucker, 5 Eier, 4 gr. ger. Äpfel, 3 El Kakao, 1/2 Pkg. Backpulver, ger. Zitronen= schale.

Zubereitung: Butter, 100 g Zucker und Vanillezucker schaumig rühren. Zitronenschale und langsam Dotter einrühren. Eiklar aufschlagen, restlichen Zucker ein= rühren. Schnee und Äpfel unterheben. Mehl mit Backpulver versieben und mit Nüssen und Kakao einrühren. Teig auf ein mit Backpapier ausgelegtes Backblech streichen und ca 40 Minuten backen. In Schnitten schneiden und angezuckert servieren.

Katzenzunge

1/4 kg frische Erdbeeren und Zucker nach Belieben, 1/4 kg Erdbeereis, 1/2 l frische Milch, 2 P. Vanillezucker, Saft von 1 Zitrone, Saft von 1 Orange.

Alle Zutaten mixen, in Milchgläser füllen und mit Erdbeeren garnieren.

Himbeertraum

Zutaten: 1 Pkg. tiefgekühlte Himbeeren, 2 EL Kristallzucker, 1/4 l Schlagobers, 1 EL Staubzucker, 1 Pkg Sahnesteif, etwas Zitronensaft und Wasser, 1½ Schachteln Biskotten (ca. 30 Stück), ca. 25 Himbeeren, 12 Biskotten und 1/4 l Schlagobers zum Verzieren;

Die Himbeeren in ein Sieb geben, mit Zucker bestreuen, auftauen lassen und den Saft in einem Gefäß auffangen. Das Obers mit Staubzucker und Sahnesteif steif schlagen, die abgetropften Himbeeren unterheben. Den Saft der Himbeeren mit Zitronensaft und Wasser verrühren.

Die Biskotten einzeln im Himbeersaft wenden, eine flache Schüssel damit auslegen und ca. 1/3 der Himbeercreme darauf streichen, abwechselnd Biskotten und Creme übereinander schichten. Das Ganze über Nacht im Kühlschrank durchziehen lassen. Den Himbeertraum vor dem Servieren mit Biskotten, Schlagobers und Himbeeren verzieren.

Topfenknödel mit Erdbeerobers

Zutaten: 30 dag Topfen, 8 dag Grieß, 2 Eier, 3 dag weiche Butter, 1 Pr. Salz, 1 P. Vanillin=zucker, abger. Zitronenschale, Rum, Brösel und Butter zum Wälzen. Erdbeerobers: 25 dag Erdbeeren, 1/4 l Obers, Staubzucker.

Zubereitung: Alle Zutaten gut vermengen und 20 Min. rasten lassen. Knödel formen, im kochenden Wasser, dem man etwas Rum und den Vanillinzucker beifügt, ca. 12 Min. ziehen lassen. In Butterbröseln wälzen und mi Staubzucker bestreuen. Erdbeerobers: Erdbeeren passieren, mit geschlagenem Obers vermengen und nach Geschmack süßen.

Biskuitomelette mit Früchten

Zutaten: 8 Eier, 32 dkg Zucker, 8 dkg Mehl, etwas Vanillezucker, geriebene Zitronenschale, 20 dkg Kompottfrüchte, 10 dkg Marillenmarmelade.

Zubereitung: Eiklar u. Zucker ausschlagen, Dotter u. Geschmackzutaten darunterrühren, Mehl unter die Masse melieren, in eine befettete Pfanne streichen (3-4 cm), bei 180° backen (4-6 Min.).

Eine Hälfte mit Marillenmarm. u. geschnittenen Früchten füllen, 2. Hälfte darüberklappen, auf eine Platte stürzen, anzuckern u. sofort servieren.

Äpfel-Zwetschken-Birnen-Strudel

Zutaten: 25 dag Mehl, 1 EL Öl, Salz, $\frac{1}{8}$ l Wasser, 1 kg Äpfel, $\frac{1}{2}$ kg Zwetschken, 2 Birnen, 10 dag Fett, 10 dag Brösel, 5 dag Zucker, Zimt, 8 dag Rosinen.

Zubereitung: Aus Mehl, Öl, Salz und Wasser einen Strudelteig herstellen. Äpfel hobeln, Zwetschken halbieren und entsteinen, Birnen ebenfalls hobeln. Brösel mit Zucker und Zimt in Fett rösten. Teig auf bemehltem Tuch ausziehen. $\frac{2}{3}$ des Teiges mit Äpfel, Zwetschken, Birnen, Bröseln und Rosinen bestreuen. $\frac{1}{3}$ des Teiges mit Fett bestreichen und den Strudel so zusammenrollen, dass das letzte Drittel nach oben kommt. Bei 170 Grad ca. 45 Minuten backen.

Heidelbeerschnitzel

Zutaten: 25 dkg Mehl, 2-3 Eier, Salz, 5 dkg Zucker, 3/8 l Milch, 1/2 kg Heidelbeeren, 10 dkg Fett zum Backen, Zucker zum Bestreuen.

Zubereitung: Aus Mehl, Eiern, Salz, Zucker und Milch rührt man einen glatten Teig an, mischt die Heidelbeeren darunter, bäckt aus dem Teig Schnitzel, so wie dicke Palatschinken, und zuckert sie an.

Zuckerrübentaler

Zutaten: 2 Eier, 1 Pkg. Vanillezucker, 3 El Zucker, 1 Brise Salz, 3/8 l Milch, 30 dag geraspelte Zuckerrüben, Mehl nach Bedarf, etwas abger. Zitronenschale, Butter.

Zubereitung: Eier, Vanillezucker und Zucker verrühren. Milch, Salz, Zuckerrüben und Zitronenschale dazugeben und mit Mehl zu einem dickflüssigen Teig verrühren. In einer großen Pfanne Butter erhitzen und mit einem Esslöffel den Teig portionsweise in die nicht zu heiße Butter geben. Ein Löffel Teig ergibt einen Rübentaler mit ca. 6 bis 8 cm Durchmesser. Rübentaler auf beiden Seiten goldbraun backen. Mit Zucker bestreuen oder mit Honig bestrichen servieren.

Apfel-Birnen-Strudel

Zutaten: Strudelteig: 15 dag Mehl, 1 Ei, 1 Teel. Öl, lauwarmes Wasser; Fülle: 2 Äpfel, 2 Birnen, 2 Eßl. Rosinen, 2 Eßl. geriebene Nüsse (od. Mandeln), 2 Eßl. Topfen, 2 Eßl. Sauerrahm, 2 Eßl. Joghurt, 2 Eßl. Zucker (Honig), Zitronensaft; 1 Eidotter, 2 Eßl. Milch, 2 Eßl. Semmelbrösel, 2 Eßl. Butter.

Zubereitung: Aus Mehl, Ei, Öl und lauwarmen Wasser einen Strudelteig zubereiten. Zugedeckt zwei bis drei Stunden rasten lassen. Äpfel und Birnen schälen, vierteln, blättrig schneiden und mit Zitronensaft beträufeln. Topfen, Sauerrahm, Joghurt, Zucker und Rosinen vermengen, zum Obst geben. Die Nüsse einrühren. Die Semmelbrösel in etwas Butter anrösten. Den Strudelteig ausziehen. Mit flüssiger

Butter bestreichen und mit Butterbröseln bestreuen. Nun die Fülle darüberverteilen. Den Strudel einrollen; mit Milch und Eidotter bestreichen. Im auf ca. 180 Grad vorgeheizten Rohr etwa eine halbe Stunde backen.

Topfenröllchen

Zutaten: 1 kg Topfen
4 Eier
12 dag Mehl
30 dag Semmelbrösel
Salz, Muskat

Zubereitung: Den passierten Topfen mit Eiern, Mehl, Semmelbröseln, Salz und Muskat zu einem Teig verarbeiten. Aus dem Teig Würstchen formen, in Bröseln wenden und in heißem Fett ausbacken.
Mit Kompott servieren.

Erdbeerwandl

Zutaten: 80-100 Biskotten,
3/4 kg Erdbeeren (püriert),
10 dkg Zucker, 1/4 l Obers, 8 Bl. Gelatine.

Zubereitung:
Erdbeeren u. Zucker verrühren. Gelatine nach Vorschrift auflösen, unter die Erdbeermasse heben, geschlagenes Obers unterziehen. Wenn die Creme stockt, lagenweise zuerst Biskotten, dann Creme in eine Wandlform schichten, mit Biskotten abschließen. Über Nacht kühl stellen, dann stürzen.

Kirschennockerl

Zutaten: 4 Portionen: 25 dag entkernte Kirschen, 4 cl Weinbrand, 1/16 l Schlagobers, 1 Pkg. Vanillezucker, 100 g Milchschokolade, Butter für die Form, 12 Biskotten. **Biskuit:** 2 Eier, 5 dag Kristallzucker, abgeriebene Schale einer Viertelzitrone, 2 dag glattes Mehl.

Zubereitung: Die Kirschen mit Weinbrand übergießen und 30 Minuten marinieren. Obers und Vanillezucker aufkochen. Schokolade grob hacken und im Obers schmelzen, einmal aufkochen, gut verrühren und vom Herd nehmen. Eine befettete Auflaufform mit Biskotten auslegen.

Kirschen darauf verteilen, mit etwas Marinade beträufeln und mit der warmen Schokolademasse übergießen. <u>Biskuit:</u> Eier trennen. Eiklar zu steifem Schnee schlagen. Zucker nach und nach einschlagen. Dotter und Zitronenschale unterziehen und Mehl vorsichtig unterheben. Nockerl auf die Schokoladesauce setzen und bei 200 Grad etwa 12 Minuten backen.

Hirse-Fruchtcreme

250 g Hirseflocken, 1/8 l Frucht=saft, geriebene Äpfel, 1/2 l Sauermilch, 3 Eßlöffel Honig, 60 g gemahlene Nüsse.

Hirseflocken mit Fruchtsaft übergießen, mit den anderen Zutaten vermengen und angerichtet mit den Nüssen überstreuen.

Marillencreme

1/2 kg Marillen waschen, halbieren, entkernen und in wenig Wasser mit 1/8 kg Zucker weichdünsten, passieren und 5 Blatt eingeweichte Gelatine darin auflösen. Den Saft von 1 Zitrone dazugeben, mit Zucker abschmecken und 1/4 l steifes Obers mit dem kalten Mus mischen. In Schalen mit Obers verziert reichen.

Kirschtrüffel

(Lecker, aber zu alsbaldigem Verbrauch bestimmt.)

125 g Butter · 100 g Staubzucker
50 g · Bitterschokolade
100 g Vollmilchschokolade
3 EL Kirschwasser · 3 EL Kakao
Kakao zum Bestäuben

Die Butter mit dem Staubzucker schaumig rühren. Die Schokoladen im Wasserbad lösen, abkühlen lassen und nach und nach darunterrühren. Das Kirschwasser und den Kakao zufügen und nach und nach unter die Schaum=masse arbeiten. Die sehr schaumige Masse in einen Spritzbeutel füllen und durch die runde Tülle gleichmäßige Häufchen auf ein Tablett setzen. Im Kühlschrank erstarren lassen. Schnell in Kakao wälzen, dann wieder kalt aufbewahren.

Gefüllte Birnen

Zutaten: 8 Birnenhälften (Kompott)
25 dag Topfen (10%)
1 Eßl. Zucker
1 Ei
1/8 l Sauerrahm
2 Eßl. gehackte Mandeln
2 Eßl. Preiselbeermarmelade
einige Blättchen Zitronenmelisse

Zubereitung: Topfen mit Zucker, Sauerrahm, Eidotter, Mandeln und Preiselbeermarmelade gut verrühren. Das steifgeschlagene Eiweiß unterziehen. Etwas Creme auf den Tellern verteilen; die Birnen daraufsetzen. Nun die restliche Creme mit einem Spritzsack auf den Birnenhälften verteilen. Mit Zitronenmelisse garniert servieren.

Apfelmandl

Äpfel schälen und mit Zucker dünsten, dann nach Geschmack etwas Rum, Rosinen, Zucker und ein wenig Zimt dazugeben, eventuell auch etwas festge=schlagenes Schlagobers da=runterrühren. Der Apfelbrei muß ziemlich fest sein. In Glasschüsserl füllen und mit Biskotten anrichten.

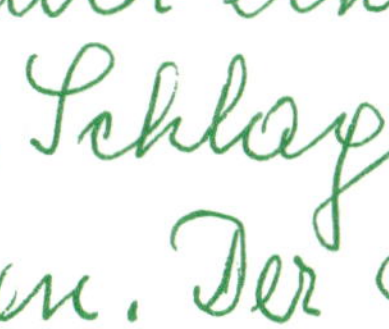

Erdbeerkaltschale

Zutaten: (4 Portionen): 25 dag Erdbeeren, 25 dag Topfen (40%), 2EL flüssiges Obers, 10 dag Zucker.

Zubereitung: Mit Topfen, Zucker und Obers eine Creme bereiten, die passierten Erdbeeren dazugeben, durchmischen, in Gläser füllen. Mit einem Oberstupfer, Erdbeerstücken und Biskotten dekorieren.
1 Stunde kühlstellen.

Und schon ist die Erdbeerkaltschale fertig!

„Erdbeergatsch"
Erdbeeren mit Rahm

Die gartenfrischen Erd=
beeren waschen, die Stiele
entfernen, mit der Gabel
zerdrücken, mit Rahm und
Zucker nach Belieben verrüh=
ren. Im Kühlschrank durch=
ziehen lassen.

Zwetschkenschnitten

Zutaten: 4 Eier, 100 g Öl, 100 g Wasser, 200 g. Zucker, 200 g Mehl, 70 g geriebene Nüsse, 2 EBl. Kakao, 1 Mokkalöfferl Backpulver, Fett und Mehl für das Blech, 500 g Zwetschken.

Zubereitung: Dotter, Zucker u. Öl schaumig rühren, das Wasser einrühren und dann das mit Backpulver gemischte Mehl, die Nüsse und den Kakao dazumischen. Zuletzt den steifen Schnee leicht unter den Teig ziehen, die Masse auf ein befettedes, bemehltes Blech streichen und mit sauberen halben Zwetschken belegen. Mit ca 200 Grad etwa 25 Minuden backen.

Gebackene Zwetschken

Zutaten: Backteig. 1 kg Zwetschken, 1/4 kg Fett, 5 dkg Zucker. Die frischen, blanchierten, eventuell geschälten Zwetschken werden in Most oder Weinteig getaucht und im heißen Fett gebacken. (An den frischen Zwetschken bleibt kein Teig haften).

Backteig mit Wein oder Most: 1/4 l Wein oder Most, 20 dkg Mehl, 5 dkg Zucker, Zitronenschale, 2 Eier. Mehl mit Wein oder Most verrühren, dann alle anderen Zutaten unterrühren.

Zwetschkenwurst

500 g Dörrpflaumen, 200 g Nüsse, 50 g Aranzini, 50 g Rosinen, 50 g Feigen, 100 g Zucker, 1 Eßlöffel Rum, Saft und Schale einer halben Zitrone.

Die Dörrpflaumen über Nacht in Wasser einweichen, abseihen, entkernen und nudelig schneiden. Nun die Nüsse hacken und Aranzini, Rosinen und Feigen würfelig schneiden. Mit Zucker, Rum und Zitronenschale und -saft zu einer festen Masse verarbeiten, eventuell mit ein wenig

Zwetschkenweichwasser befeuchten. Davon rollt man auf mit Zucker bestaubtem Brett eine Wurst, die man 3 bis 4 Tage an einem zugigen Ort übertrocknen läßt. Als Näscherei wird die Zwetschkenwurst in dünne Blättchen geschnitten.

Apfelkuchen

Zutaten: Teig: 30 dag Mehl, 30 dag Margarine, 20 dag geriebene Nüsse, 25 dag Staubzucker, 4 Eidotter, 1/2 Pkg Backpulver, **Belag:** 4 Eiklar (Schnee) 16 dag Kristallzucker, 1 kg grob geriebene Äpfel.

Zubereitung: Alle Zutaten zu einem Teig verarbeiten. Diesen auswalken und auf ein Backblech legen. Mit den Äpfeln belegen und bei Mittelhitze backen. Eiklar mit Zucker zu Schnee schlagen und auf den fertig gebackenen Kuchen streichen.

Nur noch kurz bräunen.

Vollkornbirnenkuchen

10 dkg Öl, 20 dkg Staubzucker, ½ P. Vanillinzucker und 3 große Dotter schaumig rühren.

20 dkg Vollweizenmehl mit 1 Eßl. Kakao u. ½ P. Backpulver gut vermischen. Abwechselnd mit ⅛ l Milch darunterrühren. Zum Schluß Schnee von 3 Eiklar unterheben.

Auf ein befettetes, bemehltes Backblech streichen und mit geviertelten Birnen belegen.

Bei mittlerer Hitze 30 - 45 Min. backen.

Mit Zucker und Zimt bestreuen.

Zarte Fruchtschnitte

Zutaten:

Biskuit: 6 Eier, 12 dag Zucker, 12 dag Mehl, 1 Pr. Salz.

Creme: 1/4 l Joghurt, 2 EL Zucker, 1 P. Vanillinzucker, 1 kl. Dose Fruchtcocktail, 6 Bl. Gelatine, 1/4 l Obers.

Zubereitung:

Biskuit: Eiklar mit der Hälfte des Zuckers und Salz steif ausschlagen. Dotter mit restl. Zucker schaumig schlagen, Ei=schnee und Mehl vorsichtig unterheben. Masse auf ein mit Backpapier ausge=legtes Blech streichen und bei 180° backen.
Creme: Joghurt, Zucker und Vanillin=zucker glattrühren, aufgelöste Gelatine und Fruchtcocktail (ohne Saft) dazugeben. Sobald die Masse zu gelieren beginnt, steifgeschlagenes Obers unterheben. Biskuit halbieren, füllen und 2 Stunden kühl stellen. In Schnitten teilen und leicht bezuckert servieren.

Apfeltorte

Zutaten:

5 Eier, 20 dag Zucker, 8 dag Grieß, 1 Eßl. Kakao, 25 dag geraspelte Äpfel, 15 dag geriebene Haselnüsse.

Zubereitung:

Eidotter mit Zucker schaumig rühren, Grieß, Kakao, Äpfel und Nüsse unterheben.
Eiklar steif schlagen, unterziehen, in eine Tortenform (gebuttert und mit Bröseln ausgestreut) füllen und bei 180° 45-60 Min. backen.
Mit Marillenmarmelade bestreichen und mit Schokoladeglasur überziehen!

Kartoffel-Nuss-Kuchen

Zutaten: 400g mehlige Kartoffeln, 4 Eier, 250g Zucker, 100g Mehl, 1 TL Backpulver, 125 g gem. Haselnüsse, 2 TL Zimt, abger. Schale einer Zitrone, 100g Kirschenmarmelade, 150g Staubzucker, 1 EL Zitronensaft, 50g ganze Haselnüsse.

Zubereitung: Kartoffeln kochen, schälen und auskühlen lassen. Eier trennen. Dotter und Zucker 15 Minuten weißcremig aufschlagen. 3 Eiklar sehr steif schlagen. Mehl, Backpulver, gem. Haselnüsse, Zimt und Zitronenschale mischen und unter die Dottermasse rühren. Kartoffeln

durch die Presse drücken und unter die Masse heben. Teig in eine gefettete Form füllen, glattstreichen und im vorgeheizten Backrohr (E-Herd: 200 Grad, Umluft: 175 Grad, Gas: Stufe 3) 50-60 Minuten backen.
Ausgekühlt einmal durchschneiden, mit Marmelade bestreichen und mit einem Guss aus Zitronensaft und Staubzucker (verrührt) bestreichen. Zuerst mit grob gehackten Haselnüssen, dann mit Zimt bestreuen.

Glasierte Apfelblüten

Sie können genauso Schlüsselblümchen oder Veilchenblüten glasieren. Sie sind nicht nur Konfekt, sondern auch eine bezaubernde Kuchendekoration.

Apfelblüten • 250 g Zucker • 1/8 l Wasser

Die Apfelblüten säubern. Den Zucker und das Wasser aufkochen, dann 5 Minuten kochen lassen. Immer einige Blüten hineingeben und 1 Minute mitkochen lassen. Mit einem Schaum=löffel herausnehmen und nebeneinader auf Alufolie legen. Den verzuckerten Blüten wieder ihre alte Form geben, dabei dürfen die Stiele ruhig abbrechen, denn die Blüten allein sind dekorativ genug. Etwa 24 Stunden trocknen lassen. Vorsichtig von der Folie nehmen. In Gläsern ver=schlossen aufbewahren.

Haustorte

Zutaten: 4 Eier, 20 dag Mehl, 20 dag Zucker, 1 Packerl Vanillezucker, 1/2 Packerl Backpulver, 10 dag Nüsse, 10 Essl. warmes Wasser, Schnee von 4 Eiklar.

Zubereitung: 4 Dotter, Zucker, Vanillezucker und Wasser 20 Min. schaumig schlagen, dann Mehl, Backpulver und Nüsse einrühren, zum Schluss den Schnee unterheben, ca. 45 Min. bei 160° goldgelb backen. Nach dem Auskühlen 1 x durchschneiden, mit Marillenmarmelade füllen, mit Staubzucker bestreuen und mit Schlagobers garniert auftragen.

Kartoffeltaschen mit Apfelfülle

Zutaten: 1 kg gekochte Kartoffeln, 1/4 kg Mehl, 1 Ei, 5 dag Butter, Salz, 1/2 kg Äpfel, Brösel, Zucker, Zimt, Zitronensaft.

Zubereitung: Die gekochten Kartoffeln schälen, durch die Presse drücken, mit Mehl, Ei, Butter zu einem glatten Teig verarbeiten und diesen eine halbe Stunde rasten lassen. Äpfel schälen, raffeln und mit Zimt, Zucker und Zitronensaft vermischen. Der Teig wird messerrückendick ausgewalkt, mit gerösteten Bröseln und Zimt bestreut, in viereckige Stücke geschnitten, auf die man die Apfelfülle gibt. Dann klappt man die Taschen zusammen, drückt die Ränder aufeinander und bäckt auf einem befetteten Blech goldbraun (man kann die Taschen vor dem Backen auch mit verquirltem Ei bestreichen).

Rhabarberschnitten

<u>Zutaten:</u> 12 dag Margarine,
12 dag Zucker, abger. Zitronensch.
und -saft, 3 Eier, 8 dag Maizena,
15 dag Mehl, 1/2 KL Backpulver.

<u>Belag:</u> 50 dag Rhabarber, Brösel, Zucker.

<u>Zubereitung:</u> Fett, Zucker, Zitronenschale flaumig rühren, nach und nach Dotter dazugeben. Maizena, Mehl und Backpulver vermischen, unterheben. Zitronensaft und Schnee unterheben. Auf ein befettetes Blech streichen, leicht mit Bröseln bestreuen, kleinfingerdick geschnittene Rhabarberst. gleichmäßig auflegen, hell backen, sofort anzuckern u. in Schnitten teilen.

Karottentorte

Zutaten: 30 dag Staubzucker, 4 Rippen Kochschokolade, 6 Eier, 30 dag Haselnüsse, 5 dag Mehl, 30 dag Karotten, 4 Essl. Öl.

Zubereitung: Staubzucker mit Eidottern schaumig rühren. Die Karotten und Haselnüsse - gerieben - darunter mischen. Die sechs Eiklar zu Schnee schlagen; unter die Zucker-, Dotter-, Karotten- und Haselnussmasse ziehen. Ebenso das Mehl. In eine Tortenform füllen und bei 175 Grad ca. 50 Minuten backen. Kochschokolade und Öl erwärmen; damit die Torte glasieren.

Weintraubentorte

Zutaten: 27 dag Mehl, 1/2 Pkg Backpulver, 12 dag Butter, 10 dag Staubzucker, 3 Eier, 3 bis 4 EL Milch od. Rahm, 1/2 kg Weintrauben, Marmelade für Tortenboden, 10 dag Staubzucker für die Schneemasse.

Zubereitung: Butter mit Zucker und Dotter schaumig rühren. Mehl mit Backpulver abwechselnd mit Milch od. Rahm verrühren. Teig in eine gefettete und bemehlte Tortenform streichen und ca. 25 Minuten backen. Die ausgekühlte Torte mit Marmelade bestreichen und dicht mit Weintrauben belegen. Eiklar mit Staubzucker aufschlagen und auf den Weintrauben verteilen. Vor dem Backen überzuckern. Überbacken, bis der Schnee goldgelb ist. Mit nassem Messer aufschneiden.

Brombeeren in Kräuterlikör

(Den Likör mit den Früchten servieren.)

300 g feste Brombeeren · 100 g Zucker ·

1 Flasche Kräuterlikör

Die Brombeeren waschen, verlesen, abtropfen und trocknen lassen. Die Brombeeren mit dem Zucker mischen und zugedeckt einige Stunden mazerieren, bis sich der Zucker gelöst hat. Dabei hin und wieder vorsichtig umrühren. In eine Flasche mit einer grossen Öffnung füllen, mit dem Likör auffüllen. Gut verschlossen kühl und dunkel aufbewahren.

Haltbarkeit: 2 Monate.

Variante: Ebenso kann man schwarze Johannisbeeren oder Blaubeeren in Kräuterlikör einlegen.

Nussnougat

250 g Honig · 10 dag Zucker
3 Eiweiß · 10 dag feingeriebene Hasel=nüsse · 10 dag feingeriebene Walnüsse oder Mandeln · 100 Backoblaten (⌀ 4 cm)

Den Honig mit dem Zucker unter ständigem Rühren kochen, bis er braun wird und Fäden zieht. Zur Probe einen Tropfen in eiskaltes Wasser fallen lassen. Er muss fadenartig erstarren. Das Eiweiß steif schlagen, unter den heißen Honig schlagen. Heiß in eine große Schüssel geben, dann die Nüsse einrühren. Die warme Masse 1 cm dick auf Oblaten streichen und eine zweite Oblate daraufdrücken.

Mit etwas Abstand auf einer Platte anordnen, dann in trockenem Raum (nicht in der Küche) bei Zimmertemperatur 3 Tage trocknen lassen. Nach dem ersten Tag den noch weichen Teig rundum mit nassem Messer nachglätten.

Himbeer-Reis-Torte

Zutaten: ½ l Milch
1 Pkg. Vanillezucker
10 dag Rundkornreis
4 Dotter
4 dag Staubzucker
4 dag geriebene Mandeln
4 Eiklar
4 dag Kristallzucker
Margarine, Brösel

Fülle: ¼ l Schlagobers
25 dag Himbeeren
Staubzucker zum Bestreuen
Minzeblättchen und Himbeeren zum Garnieren

Zubereitung: Milch mit Vanillezucker aufkochen, Reis zugeben und bei geringer Hitze 30 Minuten kochen, auskühlen lassen. Dotter und Zucker schaumig rühren.

Milchreis und Mandeln unter= mengen. Eiklar zu steifem Schnee schlagen und unter die Reis= masse heben. Teig in eine gefettete und ausgebröselte Tortenform (Φ 24 cm) füllen. Im vorgeheizten Rohr bei 180 Grad ca. 40 Minuten backen. Auskühlen lassen.
Obers aufschlagen. Torte aus der Form nehmen, durchschneiden, mit Obers bestreichen und Himbeeren darauf verteilen.
Mit zweiter Tortenhälfte abdecken. Mit Zucker bestreuen und mit Minzeblättchen und Himbeeren verzieren.

Obsttorte

Zutaten: Teig: 7 dag Butter, 7 dag Zucker, 1 Pkg. Vanillezucker, 2 Eier, 15 dag Mehl, 1 gestr. Kl Backpulver, 5 El Milch. Zum Bestreichen: 1-2 El heiße Marillenmarmelade. Belag: 50 bis 75 dag rohes, gedünstetes oder eingelegtes Obst (Erdbeeren, Kirschen, Pfirsiche... ...). Guß: 1 Pkg. Tortengelee klar

Zubereitung:

Butter schaumig rühren und nach und nach Zucker, Vanillezucker und Ei einrühren. Nur so viel Milch verwenden, dass der Teig schwer vom

Löffel fällt. Die Masse in eine gute befettete und ausgebröselte Obstkuchenform füllen und bei ca. 170 Grad 30-40 Minuten backen. Nach dem Erkalten mit heißer Marillenmarmelade bestreichen. Den Tortenboden gleichmäßig mit Obst belegen. Tortengelee nach Anleitung zubereiten und über das Obst gießen. Erkalten lassen.

Hollersekt

2 Zitronen, 2 dkg Zitronensäure,
1 kg Zucker, 4-5 Hollerblütendolden.
5 l Wasser mit 1 kg Zucker aufkochen,
alle Zutaten dazugeben, 4 Tage ziehen
lassen, abseihen, Sekt abfüllen und
kühl lagern.

Zitronenmelissensirup

1 Tasse frische Melissenblätter,
2 kg Zucker, 4 dag Zitronensäure,
2 l Wasser.

In ein 3 l-Gefäß die Melissenblätter geben, Wasser aufkochen und über die Blätter gießen. Zucker und Zitronensäure solange einrühren, bis sich alles aufgelöst hat. Das Gefäß abdecken und 2 Tage stehen lassen. Danach abseihen, nochmals aufkochen und in vorgewärmte Flaschen füllen. Kühl und dunkel aufbewahren.

(1:6 verdünnen)

Schlüsselblumenwein

Zutaten: 40 dag Schlüsselblumenblüten,
4 l kochendes Wasser
1½ kg Zucker
Saft von 3 Zitronen
2 Eßlöffel destilliertes Wasser
1 Teelöffel Trockengerm
½ Würfel Germ

Zubereitung: Die Blüten verlesen, mit kochendem Wasser über=brühen, 20 Minuten ziehen lassen, durch ein Tuch abseihen und fest auspressen. Den Zucker im heißen Sud auflösen.

Die Trockengerm im dest. Wasser auflösen und mit dem Zitronensaft dazugeben. Wenn der Sud abgekühlt ist, den halben Würfel Germ hineinbröckeln. In eine große Flasche füllen, mit Mulltuch verschließen und warm stellen. Gären lassen. Nach der Gärung wird der Blütenwein auf kleinere Flaschen gezogen.

Schlehengelee

1 kg Schlehen
50 dag Kochäpfel (Boskop!)
3 EL Zitronensaft
Zucker nach Saftgewicht

Die Schlehen rundum mit einer dicken Nadel einstechen, die Äpfel schälen und vierteln. Zusammen mit so viel Wasser aufsetzen, dass die Früchte bedeckt sind. Mit Zitronen=saft schärfen. Aufkochen und etwa 1 Stunde sanft köcheln lassen. Bereits im Topf zu dickem Mus schlagen und dann über Nacht durch ein Mulltuch abtropfen lassen. Den Fruchtsaft wiegen und ebensoviel Zucker einrühren. Unter Rühren zum Kochen bringen, etwa 10 Minuten sprudelnd kochen lassen. Heiß in Gläser füllen und sofort verschließen.

Jause

Frühlingsbrot

Eine Scheibe Vollkornbrot mit Butter bestreichen, mit gehacktem Schnittlauch bestreuen, darauf in die Mitte Eierscheiben, rechts und links je einen Streifen Salat, darauf Radieschenscheiben. Leicht salzen und mit Kräuselpetersilie garnieren.

Gekeimte Weizenkörner als Brotbelag

Weizenkörner heiß waschen, im Abtropfwasser in einem gut geschlossenen Gefäß 24 Stunden stehen lassen. Nach dieser Zeit sind die Körner angekeimt und eignen sich vorzüglich als Belag für Butterbrote.

Pilzaufstrich:

Zutaten: 25 dag Champignons, 1 gr. Zwiebel, 2 Knoblauchzehen, Butter, TL Ketchup, 7 dag Mayonnaise, 5 dag Creme fraiche, Salz, Pfeffer, Petersilie.

Zubereitung: Champignons, Zwiebel und Knoblauch fein hacken; Butter erhitzen, Zwiebel und Knoblauch beifügen und hell rösten, Champignons kurz mitrösten und alles erkalten lassen. Mit den übrigen Zutaten vermischen, auf Vollkornbrotscheiben streichen, mit Petersilie und Paradeisstückchen garnieren.

Bunter Topfen

250 g Magertopfen, 1/8 l Buttermilch,
50 g Kresse, 1 Bund Radieschen,
1 Bund Schnittlauch, 1 Prise Salz,
Kümmel, Pfeffer, Paprika.

Topfen mit Buttermilch glattrühren,
Kresse und Schnittlauch fein hacken,
Radieschen reiben und alles unter den
Topfen mischen, mit den Gewürzen
pikant abschmecken.

Erdäpfel-Radi-Aufstrich

Zutaten:

20 dag mehlige Erdäpfel
1 weißen Rettich (ca. 25 dag)
15 dag Margarine
1 Bd. Petersilie gehackt
1 Bd. Schnittlauch geschnitten
Salz, Pfeffer, Cayennepfeffer.

Zubereitung:

Gekochte Erdäpfel und Rettich schälen und fein reiben.
Margarine flaumig rühren,
Erdäpfel, Rettich, Petersilie und Schnittlauch dazugeben und gut verrühren.
Mit Salz, Pfeffer und Cayennepfeffer abschmecken und 1 bis 2 Stunden kalt stellen.

Käseaufstrich

150 g Camembert, 25 g Butter, 1 Zwiebel, Kümmel, Pfeffer, Paprika.

Cammembert klein würfeln, mit der Gabel zerdrücken und mit der Butter vermengen. Feingehackte Zwiebel, Kümmel und Pfeffer dazugeben, mit reichlich Paprika abschmecken.

Erdäpfelkas

Zutaten: 3/4 kg gekochte mehlige Kartoffeln
1/4 l saurer Rahm
1 feingehackte Zwiebel
1 Knoblauchzehe
1 kleingehacktes Essiggurkerl
Salz Kümmel Pfeffer

Zub.: Kartoffeln heiß passieren, etwas abkühlen lassen, mit den anderen Zutaten vermischen u. einige Stunden durchziehen lassen.
Mit Schwarzbrot servieren!

Gemüseaufstrich

25 dag fleischige Paradeiser
3 grüne Paprika
1 Karotte
1/8 l Raps-Öl

Zubereitung: Paradeiser enthäuten und entkernen, die Paprika, Paradeiser sowie die Karotte klein schneiden und im Öl dünsten, bis eine cremige Masse entsteht. Lauwarm oder kalt auf Weißbrot anrichten. Auf Wachauerlaberln schmeckt es am besten.

Kräuterbrot aus dem Blumentopf

<u>Zutaten:</u> 50 dag glattes Mehl, 4 dag Germ, 1/8 l lauwarmes Wasser, 1/2 TL Salz, 1/2 EL Zucker, 2 Schalottenzwiebel, 2 große Knoblauchzehen, 5 dag Butter, 2 Eier, 1/2 TL geriebene Muskat, 1 TL Anis, 3 EL frisches Fenchelkraut, 1/2 Bund Dille, 1/2 Bund Petersilie, 1 EL Rosmarin, 3 neue Blumentöpfe aus Ton (ca. 12 cm Durchmesser), Fett und Mehl für die Töpfe.

<u>Zubereitung:</u> Schalotten und Knoblauch schälen, feinst hacken, ebenso die Kräuter, Butter zerlassen, Eier schlagen und in die Kräuter einrühren. Mehl in einen Weitling geben, in der Mitte eine Mulde bilden, Germ einbröseln, mit Zucker und der lauwarmen Milch einen Teig bereiten, ca. 20 Min. gehen lassen. Wenn das Dampfl rissig ist, mit den übrigen Zutaten zu einem festen

Teig verarbeiten (nach Bedarf lau-
warmes Wasser dazugeben). Teig 20 Minuten
rasten lassen. Blumentöpfe mit Alufolie
auslegen, mit Butter ausstreichen und
mit Mehl stauben, Teig einfullen, noch ein-
mal gehen lassen, mit Wasser bestreichen,
im vorgeheizten Rohr ca. 40 Minuten bei
220 Grad zu goldgelber Farbe backen. Mit
Butter, Käse, Wein und Bier zur Jause
servieren.

Blitzvollkornbrot

Zutaten: 700 g Weizenvollkornmehl
1/2 l warmes Wasser
1 Teel. Honig
1 gehäufter Teel. Salz
20 g (= 1/2 Würfel) Germ
Gewürze nach Wahl: 1 Sackerl Brotgewürz,
eventuell noch Fenchel, Anis, ...
3 Eßl. Sonnenblumenkerne
3 Eßl. Leinsamen

Zubereitung: In einem Weitling Mehl, Honig, Salz und Gewürze vermengen. Germ im Wasser auflösen, in den Weitling gießen, mit dem Kochlöffel verrühren und dann auf dem Brett kurz und sanft durchkneten. Teig in gefettete und gemehlte Kastenform füllen, ins kalte Rohr stellen. Bei 175 °C gehen lassen. Wenn er schön aufgegangen ist, auf 220 °C weiterschalten und fertigbacken. Das dauert insgesamt, vom Einschieben ins kalte Rohr angerechnet, etwa 1–1 1/4 Stunden, hängt aber vom Backofen und von der Form ab.

Hühnersalat mit Äpfeln

30 dag gekochtes Hühnerfleisch, 2 Äpfel, 1/2 Sellerieknolle, 3 Esslöffel Mayonnaise, 1 Esslöffel Zitronensaft, 2 Esslöffel Joghurt, 1 Esslöffel Senf, feingehackte Sellerieblätter.

Das Hühnerfleisch (Reste von einem Suppenhuhn oder Brathuhn) von der Haut befreien und klein schneiden. Die Äpfel grob raspeln und die Sellerie fein reiben. Alle drei Bestandteile mischen und sofort mit der aus obigen Zutaten bereiteten Salatmarinade verrühren. 1 bis 2 Stunden stehen lassen und danach mit frischer Kresse (oder grünem Salat) garniert anrichten.

Kerniger Weintraubensalat

13 dkg blaue u. 13 dkg grüne Weintrauben, 10 dkg Gouda, 20 halbe Walnusskerne.

Weintrauben waschen, halbieren, entkernen, Käse würfeln, mit den Walnusskernen anrichten.

Dazu passt Joghurtdressing!

Schönheitstrunk

1/4 l Buttermilch, 1/4 l frisch gepresster Karottensaft, Saft einer halben Zitrone, 2 Gurkenscheiben.
Alle Zutaten gut verrühren.
Die Gläser mit Gurkenscheiben verzieren.

Kräutermilch mit Sauerampfer

(1 Glas)

5 Blätter Sauerampfer, 200 ml. kalte Milch, 1 Tl. Honig.
½ Tl. abgeriebene Zitronenschale einer unbehandelten Zitrone.
½ Tl. Zitronensaft

Die Sauerampferblätter abspülen und vier davon grob hacken. Zusammen mit der Milch, dem Honig, Zitronenschale und -saft mit dem Stabmixer pürieren. In ein Glas füllen und das Sauerampferblatt in das Glas stellen.

Tipp: Sie können die Milch auch pikant mit Salz, Pfeffer und einer Prise Zucker abschmecken

Apfelschalentee

Die dünn geschälten, getrockneten Bio-Apfelschalen übergießt man mit kochendem Wasser, läßt 10 Minuten ziehen und süßt mit Honig.

Inhaltsverzeichnis